Doce historias muy cortas para mejorar tu vocabulario

Doce historias muy cortas para mejorar tu vocabulario

Español como lengua extranjera – nivel intermedio

Alfredo Herrero de Haro

C & F Press

Doce historias muy cortas para mejorar tu vocabulario

Copyright © Alfredo Herrero de Haro 2021
www.aherrerodeharo.com

First published: 2021

Published by C & F Press
Wollongong, New South Wales, Australia

ISBN: 978-0-6452217-0-1

All rights reserved. Without limiting the rights under copyright reserved above, no part of this publication may be reproduced, stored in or introduced into a database and retrieval system or transmitted in any form or any means (electronic, mechanical, photocopying, recording or otherwise) without the prior written permission of the copyright owner.

Por favor, no copies este libro. Vi lo bien que estos materiales funcionaron en clase y decidí autopublicarlo después de contactar con algunas editoriales que no veían el libro comercialmente viable. Los pagos al gran equipo de edición, maquetación, locutores profesionales y el mantenimiento de la página web han salido de mi bolsillo. El copiar libros justifica la decisión de más editoriales a no arriesgarse a publicar libros que a ti, como lector, te gustaría leer. También hará que menos autores, editores y maquetadores, entre otros, puedan vivir de su trabajo.

Please, do not copy this book. I saw how well this resource worked in class and decided to publish it myself after approaching a few publishers who were not willing to take a financial risk. Payments to the excellent team of editors, formatters, professional narrators, and website fees have come out my own pocket. Copying books justifies the decision of more publishers not to take risks to publish books that you, as a reader, would enjoy. It also makes it harder for authors, proof-readers, layout editors, amongst others, to make a living in this challenging industry.

Para Connor y Finn,
para que aprendáis más palabras del idioma de papá.

Índice

Introducción y biografía del autor..13
Introduction and author's biography..17
Tabla de contenidos gramaticales..21

Historias cortas y ejercicios

Historia 1: La gaviota quejica..23
Historia 2: Las cabras y la cuchara...27
Historia 3: Las hormigas que se cayeron dos veces del mundo 33
Historia 4: Ellos y nosotros..39
Historia 5: La isla de los sueños muertos..47
Historia 6: La rata y la media hamburguesa...................................51
Historia 7: El árbol de la amistad...59
Historia 8: La gansa ciega...67
Historia 9: Y el horizonte se quedó solo 71
Historia 10: El viaje de los deseos 75
Historia 11: El día que murió lo negativo......................................81
Historia 12: El pastor y la estrella 87

Soluciones

Historia 1: La gaviota quejica..91
Historia 2: Las cabras y la cuchara...93
Historia 3: Las hormigas que se cayeron dos veces del mundo 97
Historia 4: Ellos y nosotros..99
Historia 5: La isla de los sueños muertos...................................... 103
Historia 6: La rata y la media hamburguesa................................. 105
Historia 7: El árbol de la amistad... 108
Historia 8: La gansa ciega... 111
Historia 9: Y el horizonte se quedó solo 113
Historia 10: El viaje de los deseos 115
Historia 11: El día que murió lo negativo.................................... 118
Historia 12: El pastor y la estrella 121

Introducción

Este recurso educativo ha sido diseñado específicamente para estudiantes de español como lengua extranjera de nivel intermedio (niveles B1 - B2 en el Marco Común Europeo de Referencia para las Lenguas). El objetivo principal en la elaboración de este libro ha sido el de incrementar el vocabulario de los estudiantes, a la vez que se repasa gramática de una manera amena y se introduce al lector a una literatura escrita en español que sea accesible para estudiantes de nivel intermedio. Sin embargo, los alumnos de niveles avanzados también se pueden beneficiar de este libro.

Los ejercicios que acompañan a cada historia se pueden adaptar a distintos niveles de clase, así como también pueden ser usados tanto en clase como en estudio individual. Las historias tienen una extensión aproximada de entre una y dos páginas, y esto permite incorporar el texto como actividad de clase. Se puede cubrir cada historia en clase en una duración de entre 20 y 40 minutos, dependiendo de la profundidad del análisis, de los deberes que los estudiantes hayan hecho en casa, y siempre y cuando los estudiantes hayan leído cada historia antes de clase. Cada texto ha sido escrito usando principalmente la(s) estructura(s) gramatical(es) a repasar; estas estructuras son las más típicas del nivel intermedio de español (ej. el subjuntivo, el pretérito y el imperfecto). En cada historia se introduce vocabulario nuevo de complejidad variada usando palabras nuevas junto a palabras que los estudiantes de nivel intermedio suelen conocer; así se facilita la adquisición de vocabulario a través del contexto. Igualmente, el ejercicio de sinónimos o antónimos que acompaña a cada historia es una herramienta muy útil para la adquisición de vocabulario. Al ser las historias relativamente cortas, los estudiantes no se desesperan durante la lectura del texto buscando palabras en el diccionario.

Los ejercicios de las historias se dividen en tres secciones: 1) Antes de la lectura, 2) Durante la lectura y 3) Después de la lectura. Los ejercicios cubren vocabulario, gramática, información general sobre el texto, y un análisis de los temas y técnicas narrativas. Igualmente, hay ejercicios de lectura, de escritura y de conversación. Además, cada historia se encuentra en www.aherrerodeharo.com en formato audio con distintos acentos de España y Latinoamérica, por lo que los ejercicios de lectura se pueden adaptar muy fácilmente a ejercicios de audición simplemente completándolos a partir del audio, en vez de usar el texto de cada cuento. Hay un foro disponible en www.aherrerodeharo.com donde el estudiante puede ponerse en contacto y realizar ejercicios de discusión con estudiantes que están leyendo el libro en otras partes del mundo.

Notas adicionales para el profesor

Este libro se puede usar en clase de distintas maneras. Por ejemplo, se puede cubrir una historia cada semana, pidiendo a los estudiantes que lean el cuento en casa y que hagan el ejercicio de vocabulario para corregir en clase. Se puede adjudicar a distintos grupos de dos o tres estudiantes una historia para presentar en clase y cada semana un grupo distinto puede presentar un cuento, analizando los temas, símbolos, mensajes y otros aspectos de interés. Después de la presentación, se puede corregir el ejercicio de vocabulario y se puede practicar la comprensión lectora, usando el ejercicio sobre estructuras gramaticales del texto para repasar el punto gramatical de la semana. El audio, disponible en www.aherrerodeharo.com con distintos acentos de España y Latinoamérica, se puede usar para practicar la comprensión auditiva y, una vez cubierto el relato, se pueden realizar prácticas de conversación, tales como expresar opiniones sobre el texto o realizar un análisis literario de forma oral.

Notas adicionales para el estudiante

Este libro también se puede usar de manera independiente por el estudiante. Las soluciones a todos los ejercicios se encuentran al final del libro; los únicos que no tienen soluciones son aquellos con muchas posibles respuestas, tales como ejercicios de opinión personal. La mayoría de los ejercicios se pueden hacer de manera independiente, con la excepción de las prácticas de conversación. Si quieres discutir los textos con otro estudiante de español, siempre puedes recomendarle el libro a un amigo y podéis completar los ejercicios juntos. Igualmente, en www.aherrerodeharo.com hay un foro en el que podrás discutir distintos aspectos de los cuentos con estudiantes de español de otras partes del mundo.

Biografía del autor

Alfredo Herrero de Haro tiene una Licenciatura en Filología Inglesa (Universidad de Almería), un Diploma de Estudios Avanzados (UNED) y un Doctorado en Lingüística (UNED) con sobresaliente *cum laude* y Premio Extraordinario de Doctorado. Impartió clases de español como lengua extranjera en Inglaterra durante ocho años, donde trabajó en distintos institutos, en un centro de Sixth Form como jefe de departamento y como tutor en la Universidad de Birmingham. Desde el 2013, trabaja como profesor titular en la Universidad de Wollongong (Australia), donde imparte clases de español como lengua extranjera y realiza investigaciones sobre fonética, fonología, variación lingüística y adquisición de la pronunciación del español en estudiantes de lenguas extranjeras. Hasta ahora, ha publicado más de 20 artículos de investigación y ocho recursos educativos para estudiantes de español como lengua extranjera.

Introduction

This educational resource has been designed specifically for students of Spanish as a foreign language of intermediate level (B1 – B2 in the Common European Framework of Reference for Languages). The main objective when writing this book was to improve the vocabulary of students at the same time as revising grammatical points in an enjoyable way; it was also important to introduce literature in Spanish that is accessible for students of an intermediate level. However, students of advanced levels will also benefit from this book.

Each short story comes with a series of exercises which can be adapted to the different levels of the students; they can also be used either as exercises in class or as part of independent study. The stories are around one to two pages in length and this allows teachers to incorporate each text in class. Each story can be covered in class in between 20 and 40 minutes, depending on the depth of analysis and the homework set for the students, as long as the students have read each text before class. Each story has been written using mainly the grammatical structure(s) revised in each text; these structures are the most typical ones in intermediate Spanish (e.g., the subjunctive, the preterite and the imperfect). Each story introduces new vocabulary of varied complexity placing more complex words next to words that students of an intermediate level tend to know; this facilitates the acquisition of new vocabulary through contextual information. Likewise, the synonym or antonym exercise that accompany each text offers a very useful tool for acquiring new vocabulary. As the stories are quite short, students will not become overwhelmed by having to look up too many words in the dictionary.

The exercises are divided in three sections: 1) Before, 2) During and 3) After. The exercises cover vocabulary, grammar, general information about each text and an analysis of the themes and narrative techniques. This book also includes reading, writing and speaking exercises. Furthermore, each story is also available in audio format in different accents from the Spanish speaking world on www.aherrerodeharo.com and the reading exercises can be adapted to listening exercises very easily; these exercises can be completed from the audio, instead of using the written text. There is also a discussion forum on www.aherrerodeharo.com where students from around the world can discuss these stories.

Additional notes for teachers

This book can be used in class in different ways. For example, teachers can cover one story per week, setting the reading of the story as homework and asking students to complete the vocabulary exercise before class. Each story can be assigned to a group of two or three students and each week a different group of students can present a story, analysing the themes, symbols, main ideas and other relevant aspects. After the presentation, the homework can be marked and other reading exercises can be completed, using the activity on grammatical structures to revise a different grammatical point each week. The audio file for each story, available in different accents from the Spanish speaking world on www.aherrerodeharo.com, can be used for listening exercises and, once a short story has been covered, students can engage in speaking practice, such as talking about opinions on the text or carrying out a literary analysis orally in small groups.

Additional notes for (independent) students

This book can also be used independently by students of Spanish. The solutions to the exercises can be found at the back; the only exercises for which answers are not included are those with many possible answers, such as the ones where the reader is asked to give personal opinions. Most activities can be completed independently, with the exception of speaking exercises. If you want to talk about these texts in Spanish with another student, you can recommend the book to a friend and you can complete the book in parallel. Additionally, there is a discussion forum available on www.aherrerodeharo.com, where you will be able to connect with other students of Spanish using the book in other parts of the world.

Author's biography

Alfredo Herrero de Haro holds a B.A. in English (Universidad de Almería, Spain), a Diploma in Advanced Studies (UNED, Spain) and a PhD in Linguistics (*cum laude* and *extraordinary award*) from UNED (Spain). He has taught Spanish as a foreign language since 2004. In England, he taught Spanish for a total of eight years in different secondary schools, at a Sixth Form college and as a part-time tutor at the Centre for Modern Languages of the University of Birmingham. He is a senior lecturer at the University of Wollongong (Australia), where he has been lecturing since 2013. He teaches Spanish as a foreign language and carries out research in phonetics, phonology, language variation and the acquisition of Spanish pronunciation by students of Spanish as a foreign language. To date, he has published over 20 research papers and eight educational resources for students of Spanish as a foreign language.

Tabla de contenidos gramaticales

	Punto gramatical	Historia
1	*Ser* y *estar* Presente y pasado continuo Verbos como *gustar*	**La gaviota quejica**
2	Pretérito e imperfecto	**Las cabras y la cuchara**
3	El subjuntivo en presente	**Las hormigas que se cayeron dos veces del mundo**
4	Participios de pasado usados como adjetivos Presente perfecto y pretérito pluscuamperfecto Pronombres relativos	**Ellos y nosotros**
5	El futuro y el condicional	**La isla de los sueños muertos**
6	Complementos directo e indirecto *Por* y *para*	**La rata y la media hamburguesa**
7	El imperfecto de subjuntivo Oraciones condicionales: Tipo 1 y Tipo 2	**El árbol de la amistad**
8	Presente perfecto y pretérito pluscuamperfecto de subjuntivo Oraciones condicionales: Tipo 3	**La gansa ciega**
9	Usos de *se*	**Y el horizonte se quedó solo**
10	La voz pasiva	**El viaje de los deseos**
11	Repaso general	**El día que murió lo negativo**
12	Repaso general	**El pastor y la estrella**

Historia 1: La gaviota quejica

Vive no muy lejos de aquí una gaviota que suele quejarse de todo. La gaviota suele volar por distintas zonas cercanas a donde vive y siempre vuelve enfurruñada a su nido. Unas veces, está cabreada porque un ratoncito está comiendo de una bolsa de palomitas de maíz, de esas que tienen un poquito de sal. Otras veces, viene celosa de lo bien que se lo estaban pasando unos gatitos que estaban jugando en la orilla de la playa y se queja de que estaban haciendo mucho ruido mientras ella estaba intentando disfrutar las vistas. En una ocasión, se le ocurrió quejarse al comité de gaviotas porque otra gaviota, a la que le falta una pierna que perdió en un accidente en un bidón de basura, había construido un nido más grande de lo permitido y en una zona en la que no se permite construir nidos porque bloquea las vistas de los otros residentes. Sin embargo, el comité de gaviotas desestimó la queja, ya que esa posición ventajosa para la gaviota herida le era necesaria porque le cuesta tomar vuelo y aterrizar bien, y le resulta difícil volar tras su accidente.

Todo le parece a la gaviota motivo de queja y de envidia y le gusta quejarse de todo, aunque está cambiando su comportamiento lentamente. La razón de esto es que un día habló con un viejo lagarto y le resultó interesante lo que le dijo. Había visto a ese lagarto sonriendo encima de una roca bastantes días seguidos y un día se atrevió a hablar con él. La gaviota le preguntó al lagarto por qué estaba siempre sonriendo y este le contestó que siempre encontraba alguna razón para estar feliz. La gaviota le dijo que eso no era posible y el lagarto le dijo que sí, que si uno dejaba de compararse a los demás y de centrarse siempre en los demás sí que era posible. La gaviota no creía las palabras del lagarto y este le ofreció jugar a un juego en el que la gaviota tenía que adivinar qué tipos de problemas podría tener un lagarto como él, y que él le explicaría cómo lo había hecho para seguir siendo feliz a pesar de todo.

La gaviota pensó durante algún tiempo y dijo que, si estaba nublado, el lagarto no podría encontrar un rayo de sol para calentarse. El lagarto rio y dijo que, en sus muchos años de vida, siempre se las había apañado para encontrar un rayo de sol en los días nublados ya que, por muy nublado que parezca que está, siempre hay un hueco entre las nubes; es solo cuestión de buscarlo atentamente. Al buscar ese hueco, explicó el lagarto, él había conocido a muchos amigos y descubierto sitios muy bonitos y rocas de muchas texturas diferentes.

En segundo lugar, la gaviota le preguntó al lagarto que qué pasaba cuando no podía comer un día porque otros animales más grandes que él estaban cazando por la zona. «Esos días los aprovecho para relajarme y para visitar zonas a las que no voy normalmente por los depredadores», respondió el lagarto. «Los depredadores que más me asustan prefieren animales con más relleno que un lagarto como yo, y sé que los días en los que otros animales más grandes están por aquí, los depredadores que me asustan están ocupados intentando comérselos».

Tras un poco más de deliberación, la gaviota preguntó que qué pasaba si veía a un lagarto que era mejor que él en algún aspecto, como en cazar gusanos, y el lagarto le respondió que usaba eso para motivarse y para mejorar sus habilidades aprendiendo del experto. El lagarto explicó que su abuela siempre le había dicho que aquellos animalitos que se pasaban toda su vida sintiendo envidia o criticando cómo les iba a los demás no tenían tiempo en sus vidas para disfrutar de lo que tenían.

Finalmente, la gaviota se rindió y preguntó: «¿y qué pasa si hay algún día en el que no puedes pensar en nada que te haga feliz?».
«Sonrío igualmente; así evito fruncir el ceño y que me salgan más arrugas», dijo el lagarto.

Historia 1: La gaviota quejica. Ejercicios

Antes de la lectura

1. Este cuento va a hablar sobre una gaviota y un lagarto. ¿Qué palabras esperas encontrar en el texto? (ej. volar)

_____

_____

2. ¿Qué problemas crees que pueden tener una gaviota y un lagarto en su día a día?

_____

_____

Durante la lectura

3. Encuentra sinónimos de las siguientes palabras en la historia. Las palabras están en orden y el número indica el párrafo en el que se encuentran. Los verbos se presentan en infinitivo y los nombres y adjetivos en masculino singular, no como aparecen en el texto.

1. diferentes _____
1. impedir _____
1. habitantes _____
1. denegar _____
1. despegar _____
1. después de _____
2. despacio _____
2. contar _____
2. motivo _____
2. los otros _____
3. arreglárselas _____
3. colega _____
3. lugar _____
4. área _____
4. usar _____
4. dar miedo _____
5. destreza _____

5. gozar   _____
6. darse por vencido   _____
6. contento   _____

4. Encuentra en la historia ejemplos de las siguientes estructuras gramaticales:

- *ser* y *estar* (explica por qué se usa uno u otro)

_____

_____

_____

- presente y pasado continuo

_____

_____

_____

- verbos que funcionan como *gustar*

_____

_____

_____

5. La historia tiene seis párrafos. Escribe el número de cada párrafo en la descripción que le corresponda.

_____ Un animal ofrece ayuda.

_____ Siempre se puede encontrar lo que uno busca.

_____ Si hay alguien mejor que tú en algo, intenta aprender de esa persona.

_____ Hay un animal que siempre se está quejando.

_____ No importa si no hay una razón para estar contento.

_____ Algunos animales se pueden comer a uno de los personajes.

6. Contesta las siguientes preguntas sobre la historia.
a) ¿Cómo había perdido la pierna una de las gaviotas?
___

b) ¿Qué está cambiando la gaviota?
___

c) ¿Cómo son las piedras que ha descubierto el lagarto?
___

d) ¿Qué animales prefieren los depredadores?
___

e) ¿Quién le ha dado consejos al lagarto sobre la vida?
___

f) ¿Por qué dice el lagarto que sonríe aunque no tenga motivo para estar contento?
___

Después de la lectura
7. Analiza la historia, escribiendo un párrafo o hablando con un compañero. ¿Cuál es el mensaje principal de la historia? ¿Qué técnicas usa el autor para expresar ese mensaje?
___
___
___
___
___
___

Historia 2: Las cabras y la cuchara

Era uno de esos jueves de septiembre en los que se terminaba el verano y empezaba a refrescar. Había una manada de cabras pastando al lado de la carretera cuando, de repente, un turista tiró una cuchara que golpeó a una de ellas. Las cabras se reunieron para ver qué era ese objeto que le había causado un chichón a su amiga.

Algunas cabras pensaban que era agua porque era de un color similar, pero sabían que el agua no llegaba a tener esa dureza. Otras pensaban que era una piedra, aunque ninguna de las cabras había visto jamás una piedra tan brillante. Las cabras no sabían qué era ese objeto pero se encontraban fascinadas por él.

Las cabras pequeñas no le prestaron gran atención, ya que para ellas todo en este mundo era nuevo y curioso, y no sabían qué tenía de especial ese objeto. Todas las cabras empezaron a buscarle un sinfín de usos a esa cuchara. Algunas la usaban para afilarse los dientes, otras para quitarse trocitos diminutos de hierba que se les habían quedado incrustados entre los molares. Otras cabras la usaban como espejo, para ver si estaban bien presentadas. Otras, sin embargo, la usaban para pegarles a sus crías cuando estas se portaban mal.

Este último uso provocó la aparición de una lista de ideas malignas en la mente perversa de la cabra mala del grupo. Esta decidió adueñarse de la cuchara para ser la cabra con mejor aspecto y mejor dentadura del grupo. Asimismo, también tenía en mente pegarles a las otras cabras para asentar su poder en la manada. Las otras cabras se sentían aterrorizadas, ya que la cabra mala les lanzaba la cuchara a la cabeza si alguna no seguía sus directrices. La cabra mala disfrutaba de su poder, de su especial habilidad para acicalarse, de la disciplina que inculcaba a los pequeños y, sobre todo, disfrutaba del poder de dirigir al resto del grupo.

Un día, los animales estaban viajando por una zona nueva y la cabra mala dirigió al grupo a través de un sendero inexplorado por la parte menos firme de la montaña. Llegaron a una bifurcación en la que se encontraron dos senderos y la cabra mala dirigió al grupo por el sendero con más huellas. La cabra más joven del grupo sintió curiosidad y, haciendo caso omiso a las órdenes de la cabra mala, decidió tirar por el sendero con apenas huellas en él, ya que pensaba que al haber ido por allí menos ganado, habría más comida al final del camino. La cabra mala se mosqueó muchísimo y lanzó la cuchara al carnerito pero, en vez de darle a él, golpeó una roca y la cuchara se rompió. El resto de las cabras celebró con alegría el final trágico de la vara maligna de la manipuladora y la cabra mala se limitó solamente a recibir las miradas humillantes y fulminantes de las otras cabras. En un segundo, la pura inocencia de la cabra más joven del rebaño había terminado con la maldad acumulada durante años en una cabra infeliz y que un objeto extraño catapultó a una posición de poder. En ese momento, las cabras mayores del grupo recordaron que los más jóvenes, con su simple inocencia y pureza, tienen el poder de hacer feliz a todos los que les rodean.

Historia 2: Las cabras y la cuchara. Ejercicios
   Antes de la lectura
   1. Esta historia va a hablar sobre una manada de cabras que vive en el campo. Haz una lista de posibles palabras en español que esperas encontrar en el relato.

_____
_____
_____
_____

   Durante la lectura
   2. Encuentra sinónimos de las siguientes palabras en la historia. Las palabras están en orden y el número indica el párrafo en el que se encuentran. Los verbos se presentan en infinitivo y los nombres y adjetivos en masculino singular, no como aparecen en el texto.

1. hacer fresco	_____	4. causar	_____
1. grupo	_____	4. malo	_____
1. arrojar	_____	4. apoderarse	_____
1. compañera	_____	4. afianzar	_____
2. roca	_____	4. asustado	_____
2. resplandeciente	_____	4. orden	_____
2. asombrado	_____	4. arreglarse	_____
3. dar	_____	4. imponer	_____
3. llamativo	_____	4. controlar	_____
3. infinidad	_____	5. llevar	_____
3. sacar punta	_____	5. camino	_____
3. minúsculo	_____	5. cruce	_____
3. encajado	_____	5. ignorar	_____
3. muela	_____	5. ir	_____
3. hijo	_____	5. enfadarse	_____
		5. felicidad	_____
		5. raro	_____
		5. impulsar	_____

3. Encuentra en la historia ejemplos de las siguientes estructuras gramaticales:

- el imperfecto (explica por qué se usa en cada caso)

_____
_____
_____
_____

- el pretérito (explica por qué se usa en cada caso)

_____
_____
_____
_____

4. Pon las siguientes frases en el orden en el que aparecen en la historia.

_____ Una cabra pequeña desobedeció unas órdenes.
_____ Algunas cabras usaban la cuchara como espejo.
_____ Las cabras tenían miedo.
_____ Una cabra recibió un golpe en la cabeza.

5. La historia tiene cinco párrafos. Escribe el número de cada párrafo en la descripción que le corresponda.

_____ Le buscaron distintos usos a la cuchara.
_____ Una cabra perdió el poder al romper la cuchara.
_____ Una cabra usó el objeto para controlar a las demás.
_____ Las cabras no sabían qué era ese objeto.
_____ Las cabras encontraron una cuchara.

6. Preguntas de comprensión.

a) ¿Qué le salió a una de las cabras en la cabeza?

_____

b) ¿Por qué sabían las cabras que ese objeto no era agua?

_____

c) ¿Cuándo usaban las cabras la cuchara para pegar a sus crías?

_____

d) ¿Cómo hacía sentir la cabra mala a las otras del grupo?

_____

e) ¿Por qué se fue la cabra más joven del grupo por el sendero con menos huellas?

_____

Después de la lectura

7. Contesta las siguientes preguntas o discute esos puntos con un compañero.

a) ¿De qué trata la historia?
_____
_____

b) ¿Te ha gustado?
_____
_____

c) ¿Hay algo que no entiendes de la historia?
_____
_____

8. Escribe un resumen de la historia en un máximo de seis líneas.
_____
_____
_____
_____
_____
_____

9. Analiza la historia, escribiendo un párrafo o hablando con un compañero. ¿Cuál es el mensaje principal de la historia? ¿Qué técnicas usa el autor para expresar ese mensaje?
_____
_____
_____
_____
_____
_____

10. Dibuja la historia sin usar texto. Puedes hacer esto dibujando los eventos principales de la historia y conectándolos mediante flechas.

Historia 3: Las hormigas que se cayeron dos veces del mundo

No creo que conozcas esta historia, pero te la voy a contar porque puede que te guste. Una pequeña colonia de hormigas vivía feliz en su pequeño hogar, a pesar de que algunos aspectos no eran ideales.

5 Hacía bastante frío y la temperatura cambiaba de forma repentina, pero les gustaba vivir en esa casa. Era un lugar suave, blanco y con mucho, muchísimo viento. Los temblores eran algo normal a lo que ya estaban acostumbradas, pero un día los temblores fueron mucho más fuertes de lo normal. «Es raro que el mundo se mueva tanto», decía una hormiga. «No creo que esto sea normal», decía otra. Tras unas sa-
10 cudidas más, las hormigas se cayeron de su casa. Las hormigas debatían sobre cómo era posible caerse del mundo y seguían bajando a una alta velocidad. «Espero que esto termine pronto», decía la hormiga reina mientras giraba en el aire. De repente, los animalitos aterrizaron en lo que parecía ser otro planeta.

15 La nueva superficie era áspera, grisácea, con tierra acumulada y muchísimos surcos, con algo de agua entre ellos. En este nuevo hogar la temperatura era más constante, aunque las lluvias, los terremotos y las inundaciones eran más comunes, y también hacía bastante más calor. «No me gusta que llueva tanto», decían las crías al no poder jugar tranquilas. «Ojalá que este calor termine pronto», gritaban las hormigas más vie-
20 jas. Un día, los terremotos se hicieron más intensos y las hormigas se precipitaron al vacío otra vez. No se podían explicar cómo uno se podía caer del mundo dos veces en tan poco espacio de tiempo. Al igual que la vez anterior, aterrizaron en otro planeta. Esta vez, era un lugar seco, con poca vegetación y con poca agua. Al contrario que en su primer hogar, el viento y los cambios de temperatura eran poco comunes. Al con-
25 trario de lo que ocurría en su segundo hogar, las lluvias y las inundaciones eran poco frecuentes. Lo único en lo que se parecía a los otros dos hogares era en la frecuencia de movimientos sísmicos cuando algún planeta enorme pasaba cerca. Se acostumbraron a su nuevo entorno y unos meses después, una de las hormigas se las ingenió para construir un artefacto y poder mirar a lo lejos, a una gran distancia.

30 Al mirar por ese artefacto, vio lo que reconoció como su antiguo hogar. Ese planeta con tanta lluvia y surcos con tierra parecía ser un animal grande, grisáceo, con una trompa larga y con dos colmillos de color marfil. Tras ese descubrimiento asombroso, alzó el artefacto un poco más y divisó lo que reconoció como su primer hogar.
35 Era un animal pequeño, blanco, con un pico y que parecía operar sin regirse por las leyes de la gravedad. La hormiga bajó el catalejo y se dio cuenta de que lo que ellas consideraban planetas eran en realidad animales muy grandes, pero que siempre habían estado en el mismo entorno, que era un trocito de sabana árida. La hormiga se puso muy nerviosa y se decía a sí misma: «Es normal que esté nerviosa, esto es algo
40 sorprendente. En cuanto me calme, iré a contárselo a alguien». La hormiga nunca había pensado que las cosas se podían ver de maneras tan distintas desde puntos de vista diferentes, así que corrió para contárselo a las demás. «Espero encontrar a alguien que me crea», pensaba la hormiga. A mitad de camino dejó de correr y pensó que las otras la tratarían de loca. Pensó en que las otras hormigas estaban felices
45 viviendo en la ignorancia y que no reaccionarían bien a un tipo de información que les cambiaría, de manera tan radical, la forma de ver el mundo, así que se tumbó y empezó a reflexionar sobre lo que haría Platón en su lugar.

Historia 3: Las hormigas que se cayeron dos veces del mundo. Ejercicios

Antes de la lectura

1. En esta historia una hormiga descubre algo muy importante sobre la zona en la que vive. ¿Qué palabras necesitarías para hablar de la zona en la que vives? (ej. playa, pueblo)

_____

_____

Durante la lectura

2. Encuentra sinónimos de las siguientes palabras en la historia. Las palabras están en orden y el número indica el párrafo en el que se encuentran. Los verbos se presentan en infinitivo y los nombres y adjetivos en masculino singular, no como aparecen en el texto.

1. agradar _____   3. un poco _____

1. grupo _____   3. uniforme _____

1. contento _____   3. seísmo _____

1. casa _____   3. en paz _____

1. perfecto _____   3. de nuevo _____

2. de repente _____   3. flora _____

2. peculiar _____   3. ambiente _____

2. precipitarse _____   3. artilugio _____

2. discutir _____   4. anterior _____

2. acabarse _____   4. subir _____

2. dar vueltas _____   4. ver _____

4. obedecer _____

4. seco _____

4. asombroso _____

4. al resto _____

4. desconocimiento _____

4. drástico _____

4. pensar _____

3. Encuentra en la historia ejemplos del subjuntivo y di por qué se usa en cada caso.

_____
_____
_____
_____
_____
_____

4. La historia tiene cuatro párrafos. Escribe el número de cada párrafo en la descripción que le corresponda.

_____ Uno de los animales consiguió fabricar un objeto nuevo.

_____ Un grupo de animales vivía felizmente en un sitio.

_____ Hacía mucho viento en su hogar.

_____ Una hormiga no sabía qué hacer al descubrir algo sorprendente.

5. Contesta las siguientes preguntas sobre la historia.

a) ¿Cómo era el primer sitio donde vivían las hormigas?
_____

b) ¿Qué diferencias había entre el segundo y el primer hogar de las hormigas?
_____

c) ¿Qué similitud tenía el tercer hogar de las hormigas con los otros dos?
_____

d) ¿Qué era, en realidad, el segundo hogar de las hormigas?
_____

e) ¿Qué era, en realidad, el primer hogar de las hormigas?
_____

f) ¿Por qué decidió la hormiga no decirle nada a las otras hormigas de la colonia?
_____

Después de la lectura
6. Escribe un resumen de la historia en un máximo de seis líneas.

_____
_____
_____
_____
_____

7. Analiza la historia, escribiendo un párrafo o hablando con un compañero. ¿Cuál es el mensaje principal de la historia? ¿Qué técnicas usa el autor para expresar ese mensaje?

_____
_____
_____
_____
_____
_____
_____

8. En grupos pequeños, cread un mapa mental de la historia. Podéis hacer esto escribiendo de forma simple las ideas principales y usando flechas para conectar las ideas y eventos del relato.

_____
_____
_____
_____
_____
_____
_____
_____

9. Imagina que la hormiga que descubre la verdad decide contarles a las otras lo que ha descubierto. Crea con un(os) compañero(s) un diálogo para esta escena. Lo podéis hacer de forma oral o podéis escribir un diálogo primero y luego representarlo en clase.

Historia 4: Ellos y nosotros

Hay una granja que está algo lejos de aquí en la que la armonía que la había caracterizado desapareció sin dejar rastro.

La granja era un lugar tranquilo, apacible y un sitio en el que todos los animales se llevaban bien entre sí y se ayudaban y apoyaban con sus problemas. Una vez servida, la comida se compartía y cada animal anteponía las necesidades de los otros a las suyas mismas.

La fábrica que proveía al granjero con la comida para sus animales se vio obligada a cerrar y este empezó a comprar la comida para sus animales a otro proveedor. «Este proveedor, que es muy honrado, ha abierto una tienda nueva de productos importados y seguro que te gustan», le recomendó un amigo. El granjero decidió comprar dos tipos de productos alimenticios para sus animales: uno de ellos estaba hecho con cereales machacados y el otro con cereales sin triturar.

Tras unos pocos días, cada animal en la granja se había decantado por uno de estos dos productos. Conforme pasaba el tiempo, cada animal desarrollaba una preferencia más extrema por cada una de las nuevas dos comidas, mientras que también se acrecentaba su aversión por el otro producto.

En unas semanas, la granja se había visto dividida en dos bandos: los animales que preferían la comida machacada y los que la preferían sin machacar. Cada grupo de animales dejó de comunicarse con el otro y los animales que habían sido compañeros de granja y de corral durante años empezaban a convertirse en extraños en su propia tierra. Como los animales de los dos grupos se evitaban, con el tiempo las figuras de los animales del otro grupo se volvieron irreconocibles, sin poder distinguir entre los tipos de animales a los que les gustaba el otro tipo de comida. Al mismo tiempo, los otros animales que compartían un gusto por el mismo tipo de comida se sentían más unidos que nunca.

Sin embargo, la situación se fue agravando. Cada grupo de animales miraba al otro con recelo y la falta de comunicación y el distanciamiento que surgió al principio empezó a convertirse en miedo. Cada grupo temía al otro por sus ideales y les atribuían numerosos actos innombrables que seguramente serían capaces de hacer debido a su naturaleza maléfica. Cada grupo de animales empezó a reunirse por separado para discutir la situación, la cual empeoraba por días. El principal punto de discusión de estas reuniones siempre era el de discutir las diferencias entre ambos colectivos, cuya preocupación principal era cómo mantenerse a salvo del otro grupo.

«Unos animales que prefieren comer cereales que no se han triturado son unos subdesarrollados, sin ningún tipo de apreciación de los buenos sabores», decía el líder de uno de los grupos.

«Unos animales que prefieren comer cereales que los humanos han machacado son unos desviados, que no aprecian las cosas de la naturaleza tal y como vienen», decía el que representaba al otro grupo.

Los animales de cada grupo intentaban buscar una explicación a la diferencia de creencias. Un grupo desarrolló una hipótesis que decía que cada grupo había sido creado por un d/Dios distinto y que su d/Dios les había dado la habilidad cognitiva para apreciar cereales procesados. El otro grupo pensaba que su d/Dios les había guiado en el camino de apreciar la naturaleza en estado puro, inalterada.

Las diferencias se siguieron marcando hasta que el miedo que cada grupo tenía del otro se volvió incontenible y los líderes pensaron que la única opción que tenían para sobrevivir era la de atacar al otro grupo antes de ser atacados. Esto lo tenían que hacer por su grupo, cuya supervivencia estaba en peligro pero, ante todo, lo tenían que hacer por la gracia de su d/Dios.

Ambos grupos pasaron semanas planeando la estrategia en cuanto a la ofensiva y en cuanto a la defensa. Por una de esas casualidades de la vida, los dos grupos habían decidido atacar al otro el mismo día.

Afortunadamente, algo ocurrió que cambió el transcurso de la historia. La empresa que proveía al granjero con los dos tipos de comida cambió su catálogo de productos unos días antes de que los ataques tuvieran lugar. Los dos tipos de comida que el granjero compraba, el que tenía cereales triturados y el que los tenía sin triturar, fueron mezclados en un producto mixto que contenía ambos tipos de cereales. Los cereales estaban mezclados en un único producto y los animales estaban confundidos. Al principio, cada grupo comía en una parte de la granja, hasta que los animales se fueron dispersando un poco y empezaron a comer donde también comían animales del otro grupo. La tensión entre los grupos fue disminuyendo y en un par de semanas ningún animal era capaz de recordar en qué grupo había estado el animal que estaba comiendo a su lado. Aún más, los animales habían olvidado cuál había sido su tipo de comida favorita previamente, si los cereales triturados, o si los que estaban sin machacar. Aquello que llegó a separarlos ahora les unía.

Historia 4: Ellos y nosotros. Ejercicios
Antes de la lectura
1. ¿Crees que todos los animales que viven en una misma granja se llevan bien?
_____
_____

2. ¿Qué crees que puede causar problemas entre los animales que viven en una granja?
_____
_____

Durante la lectura
3. Encuentra sinónimos de las siguientes palabras en la historia. Las palabras están en orden y el número indica el párrafo en el que se encuentran. Los verbos se presentan en infinitivo y los nombres y adjetivos en masculino singular, no como aparecen en el texto.

1. paz　　　　　＿＿＿＿＿＿＿＿＿
1. marcharse　　＿＿＿＿＿＿＿＿＿
1. huella　　　　＿＿＿＿＿＿＿＿＿
2. prestar ayuda ＿＿＿＿＿＿＿＿＿
2. priorizar　　　＿＿＿＿＿＿＿＿＿
3. abastecer　　　＿＿＿＿＿＿＿＿＿
3. forzado　　　＿＿＿＿＿＿＿＿＿
3. vendedor　　＿＿＿＿＿＿＿＿＿
3. honesto　　　＿＿＿＿＿＿＿＿＿
3. artículo　　　＿＿＿＿＿＿＿＿＿
3. fabricado　　＿＿＿＿＿＿＿＿＿
3. aplastado　　＿＿＿＿＿＿＿＿＿
4. elegir　　　　＿＿＿＿＿＿＿＿＿
4. a medida que ＿＿＿＿＿＿＿＿＿
4. radical　　　＿＿＿＿＿＿＿＿＿
4. incrementarse ＿＿＿＿＿＿＿＿＿
4. odio　　　　＿＿＿＿＿＿＿＿＿
5. repartido　　＿＿＿＿＿＿＿＿＿
5. facción　　　＿＿＿＿＿＿＿＿＿
5. hablarse　　　＿＿＿＿＿＿＿＿＿
5. desconocido　＿＿＿＿＿＿＿＿＿
5. silueta　　　　＿＿＿＿＿＿＿＿＿
5. conectado　　＿＿＿＿＿＿＿＿＿
6. empeorar　　＿＿＿＿＿＿＿＿＿
6. desconfianza ＿＿＿＿＿＿＿＿＿
6. aparecer　　　＿＿＿＿＿＿＿＿＿
6. temor　　　　＿＿＿＿＿＿＿＿＿
6. adjudicar　　＿＿＿＿＿＿＿＿＿
6. muchos　　　＿＿＿＿＿＿＿＿＿
6. los dos　　　＿＿＿＿＿＿＿＿＿

7. atrasado　　　＿＿＿＿＿＿＿＿＿
7. estimación　　＿＿＿＿＿＿＿＿＿
7. cabeza　　　　＿＿＿＿＿＿＿＿＿
8. depravado　　＿＿＿＿＿＿＿＿＿
8. valorar　　　　＿＿＿＿＿＿＿＿＿
9. teoría　　　　＿＿＿＿＿＿＿＿＿
9. hecho　　　　＿＿＿＿＿＿＿＿＿
9. natural　　　　＿＿＿＿＿＿＿＿＿
9. no cambiado ＿＿＿＿＿＿＿＿＿
10. continuar　　＿＿＿＿＿＿＿＿＿
10. subsistir　　　＿＿＿＿＿＿＿＿＿
10. amenaza　　＿＿＿＿＿＿＿＿＿
11. táctica　　　　＿＿＿＿＿＿＿＿＿
11. ataque　　　　＿＿＿＿＿＿＿＿＿
12. por suerte　　＿＿＿＿＿＿＿＿＿
12. curso　　　　＿＿＿＿＿＿＿＿＿
12. compañía　　＿＿＿＿＿＿＿＿＿
12. oferta　　　　＿＿＿＿＿＿＿＿＿
12. suceder　　　＿＿＿＿＿＿＿＿＿
12. juntar　　　　＿＿＿＿＿＿＿＿＿
12. desorientado ＿＿＿＿＿＿＿＿＿
12. esparcir　　　＿＿＿＿＿＿＿＿＿
12. comenzar　　＿＿＿＿＿＿＿＿＿
12. reducir　　　＿＿＿＿＿＿＿＿＿
12. anteriormente ＿＿＿＿＿＿＿＿＿
12. juntar　　　　＿＿＿＿＿＿＿＿＿

4. Encuentra en la historia ejemplos de las siguientes estructuras gramaticales:

- participios de pasado usados como adjetivos

_____
_____
_____
_____

- el presente perfecto (explica por qué se usa en cada caso)

_____
_____
_____
_____

- el pasado perfecto (explica por qué se usa en cada caso)

_____
_____
_____
_____

- pronombres de relativo

_____
_____
_____
_____

5. Pon las siguientes frases en el orden en el que aparecen en la historia.

_____ Los animales empiezan a dividirse en dos bandos.
_____ Un cambio en el producto alimenticio elimina los problemas.
_____ Un granjero empieza a comprar un producto distinto.
_____ La tensión crece y se planea un conflicto serio.

6. Contesta las siguientes preguntas sobre la historia.
a) ¿Por qué tuvo que cambiar el granjero de proveedor?
_____
_____

b) ¿Cómo eran los dos tipos de productos que empezó a comprar el granjero?
_____
_____

c) ¿Cuánto tardaron los animales de desarrollar una preferencia por un tipo de producto?
_____
_____

d) ¿Cómo influenciaron los dos tipos de comida la vida en la granja?
_____
_____

e) ¿Qué detuvo la guerra entre los dos bandos?
_____
_____

Después de la lectura
7. Escribe un resumen de la historia en un máximo de seis líneas.
_____
_____
_____
_____
_____
_____

8. Habla con un compañero sobre estos puntos.
a) ¿Cuál crees que es el tema principal de la historia?
___
___

b) ¿Crees que el tipo de alimento puede representar algo más?
___
___

c) ¿Qué crees que puede representar la granja?
___
___

d) ¿Qué recursos literarios puedes encontrar en la historia?
___
___

Historia 5: La isla de los sueños muertos

Los sueños, al igual que los seres vivos, nacen, crecen y mueren, pero su vida es algo distinta a la de los animales. ¿Te mentiría yo?

Los sueños nacen como producto de experiencias, preocupaciones e ilusiones, entre muchas otras cosas y se desarrollan en nuestras mentes mientras dormimos. Cuando un sueño nace en nuestra cabeza, le pueden pasar dos cosas: si el sueño se termina mientras dormimos, el sueño terminará su ciclo natural, morirá e ira a una isla lejana a descansar. Si el sueño no se termina mientras dormimos, este se quedará en el limbo y no podrá ir a la isla lejana a descansar. Se sabe bien que si un sueño se interrumpe mientras dormimos, rara vez se vuelve a retomar.

Un sueño estaba feliz una vez porque había terminado durante la noche y se dirigió a la isla en la que descansan los sueños. Al llegar allí, sin embargo, no recibió la bienvenida que esperaba. Los otros sueños que estaban allí le miraban recelosos y todos los otros sueños estornudaban cuando se acercaban a él, como una alergia. La isla, que siempre tenía muy buen tiempo, empezó a cubrirse con nubes y todos los sueños estaban muy preocupados. Todos estaban confundidos hasta que le pidieron consejo a uno de los sueños más antiguos, *El sueño de la paz en el mundo*. Este sueño dijo que la razón por la que todo estaba ocurriendo era porque el nuevo sueño que acababa de llegar no merecía estar en la isla, ya que, a pesar de lo que creía, no había terminado antes de que su creador se despertara. El nuevo sueño estaba confuso y pensó en volver a la mente de su creador para evitar quedarse en el limbo de los sueños para siempre. El sueño de la paz en el mundo explicó que el regresar a la mente del creador era muy difícil y poco común pero que podría intentar volver a la mente del creador. «Sabía que me preguntarías eso», dijo el sueño de la paz en el mundo. «Si tu creador te retoma a ti, su sueño, y te termina, podrás volver a la isla pero yo, en tu lugar, estaría preparado para lo peor».

El sueño dijo que seguiría su consejo y se infiltró en la mente de su creador, el cual retomó el sueño en el mismo instante en el que se había detenido. El creador terminó el sueño y este volvió a la isla en la que descansan los sueños. La isla tenía un aspecto muy distinto al que tenía cuando la dejó; las nubes ya no estaban y un sol resplandeciente brillaba sobre la isla. El sueño llegó y todos celebraron su llegada. Un sueño no terminado o cumplido es un sueño infeliz.

Historia 5: La isla de los sueños muertos. Ejercicios
Antes de la lectura
1. Si vas a leer un cuento sobre sueños, ¿qué palabras esperas encontrar en el texto?
_____
_____

2. ¿Cuál es el mejor sueño que recuerdas?
_____
_____

Durante la lectura
3. Encuentra sinónimos de las siguientes palabras en la historia. Las palabras están en orden y el número indica el párrafo en el que se encuentran. Los verbos se presentan en infinitivo y los nombres y adjetivos en masculino singular, no como aparecen en el texto.

1. como _____
1. criatura _____
1. perecer _____
2. cabeza _____
2. periodo _____
2. reposar _____
2. permanecer _____
2. suspender _____
3. saludo _____
3. clima _____
3. sugerencia _____
3. viejo _____
3. motivo _____
3. pasar _____
3. probar _____
3. listo _____
4. parar _____
4. retornar _____
4. apariencia _____
4. brillante _____

4. Encuentra en la historia ejemplos de las siguientes estructuras gramaticales:
- el futuro (explica por qué se usa)

_____
_____
_____
_____

- el condicional (explica por qué se usa)

_____
_____
_____
_____

5. Pon las siguientes frases en el orden en el que aparecen en la historia.

_____ Un sueño llegó a un lugar para descansar.
_____ Se explica el ciclo de la vida de un sueño.
_____ Se explica qué pasa si se detiene un sueño.
_____ El nuevo sueño arregla el problema.
_____ El sueño es bienvenido al llegar a la isla.
_____ Se descubrió que había un problema con el nuevo sueño.

6. La historia tiene cuatro párrafos. Escribe el número de cada párrafo en la descripción que le corresponda.

_____ Se arregla el problema y todo se soluciona.
_____ Se compara la vida de los sueños con las de los animales.
_____ Un sueño muy sabio identifica el problema.
_____ Se explica el ciclo de la vida de los sueños.

7. Preguntas de comprensión.
a) ¿Cómo nacen los sueños?

_____

b) ¿Dónde descansan los sueños que se terminan?

_____

c) ¿Qué se sabe con certeza?

d) ¿Qué les pasaba a los otros sueños al acercarse al sueño nuevo?

e) ¿Qué consejo le da el sueño antiguo al sueño nuevo?

Después de la lectura
8. ¿Te ha gustado el cuento? ¿Por qué sí o por qué no?

9. ¿Cuál es, en tu opinión, el mensaje principal del texto? ¿Por qué crees eso? ¿Cómo expresa el autor ese mensaje?

10. En grupos pequeños, cread un mapa mental de la historia. Podéis hacer esto escribiendo de forma simple las ideas principales y usando flechas para conectar las ideas y eventos del relato.

Historia 6: La rata y la media hamburguesa

Era un viernes caluroso en el centro de la gran ciudad, era por la tarde y un calor pegajoso subía desde el asfalto para arriba. Las personas se movían rápidamente por la acera esquivándose los unos a los otros, sin mirarse a los ojos. El ruido del tráfico hacía que todo el mundo gritara por el teléfono y los desaprensivos que cruzaban la calle sin esperar a la luz verde del semáforo recibían los pitidos agresivos de los conductores, enfadados por tener que parar. Todo el mundo estaba estresado y agitado, bueno, menos una rata que había encontrado media hamburguesa tirada al lado de un banco y la miraba con gran alegría.

Para la rata, esto eran los regalos de cumpleaños y de navidades juntos, envueltos en el papel grasoso de una hamburguesería. La rata le dio un par de bocados a la hamburguesa, la abrazó y sonrió; aún estaba caliente y eso era un motivo para estar aún más contenta. Ahora, el problema era llevar la hamburguesa de vuelta a su madriguera, donde la esperaba el resto de la familia. Seis carriles, numerosos vehículos y unos humanos ajetreados se interponían entre la hamburguesa y su familia. Había que pensar rápido para llevarle la comida a su familia por la ruta más corta.

La rata le dio un fuerte mordisco a la hamburguesa y la empezó a arrastrar. Al principio la encontraba pesada, pero conforme iba pillando más velocidad, la hamburguesa iba pareciendo más ligera. Llegó el momento en el que la hamburguesa le pareció tan ligera como una hoja de lechuga. «La veo demasiado ligera», pensó la rata, y cuando desvió los ojos de la carretera y de los coches para mirar la hamburguesa, se dio cuenta de que esta se había roto en dos y que ella estaba tirando de una porción minúscula de la hamburguesa. Dejó el trocito de carne en la carretera y volvió corriendo hacia el trozo de carne más grande, evitando ruedas de coches por muy poco. Inspeccionó la hamburguesa y la mordió en distintas partes hasta que encontró la parte más dura, le hincó los incisivos y empezó a arrastrarla. Pesaba mucho y se dio cuenta de que cruzar la carretera ese día iba a ser mucho más difícil que todas las otras veces. Miró en todas las direcciones y empezó a pensar. Por lo pronto, todo iba bien.

La rata estaba observando desde la acera, vio un hueco entre unos coches, pilló un poco de carrerilla y empezó a tirar de la hamburguesa. Estaba empezando a pillar velocidad y se disponía a salir de la acera cuando empezó a salir una humareda intensa de la alcantarilla. La rata no podía ver nada y volvió a la seguridad de la acera para reempezar su viaje una tercera vez. «A la tercera va la vencida», oyó un día por la tele.

La rata se dispuso a triunfar en su misión, mordió la hamburguesa una vez más y empezó a tirar de ella mientras miraba de reojo cuál era la situación en la avenida. Se situó al margen del primer carril y empezó a andar cuando estaba vacío. Sabía que el truco era quedarse en la mitad del carril hasta que el próximo estuviese libre, y así lo hizo. El segundo carril estaba vacío y llegó a la mitad del segundo carril. El asfalto estaba ardiendo, pero sabía que el asfalto caliente no la podía matar, pero que las ruedas de un vehículo sí. El tercer carril estaba lleno de coches pero los observó con atención y vio un hueco por el que cruzó la línea que dividía el segundo carril del tercero. En el tercer carril siguió con su técnica de esperar en la mitad, pero hubo un problema. Vio venir un vehículo con solo dos ruedas que iba por la mitad del carril, así que tuvo que avanzar un poco más hasta llegar a la línea que dividía el tercer y el cuarto carril. En el cuarto carril, sin embargo, los coches venían de la otra dirección. Había un trozo de orégano que salía de la hamburguesa y le impedía ver los coches venir desde la otra dirección, así que lo reajustó antes de continuar.

Vio un hueco en el tráfico y empezó a tirar otra vez del trozo de carne. Ya estaba dentro del cuarto carril y, como ya llevaba carrerilla, siguió tirando de la hamburguesa. Estaba entrando en el quinto carril cuando vio que un coche se acercaba. Por primera vez en esta aventura, la rata pensó que no podría esquivar el vehículo y solamente pensaba en la hamburguesa, en que se la quería llevar a casa, para su familia. El neumático se veía cada vez más cercano y, en un último susto, la rata se movió hacia la derecha, en vez de seguir andando de frente. El vehículo se paró a unos 20 centímetros de la rata, que no entendía lo que había pasado. La parte del asfalto en la que estaba tenía otro color; era negro con rayas blancas. Enfrente de ella, había un poste metálico con unas luces y en una de las luces veía la silueta de un hombre verde parpadeando. Vio a un sinfín de humanos andar por esas líneas blancas mientras que los vehículos estaban parados y la rata decidió hacer lo mismo. Siguió tirando de la hamburguesa hasta que la llevó al otro lado de la avenida. Una vez en la otra acera, tiró un poco más del trozo de carne hasta que lo dejó en la puerta de su madriguera. La rata paró para respirar profundamente. El peligro había pasado y, ahora, en la puerta de su madriguera, se acicalaba las cejas y el bigote para entrar triunfante en su hogar. Sacó pecho y dio un último tirón de la carne. Sus hijos corrían en círculo alrededor de la madriguera mientras que su marido la miraba con orgullo. La rata cortaba trozos de comida y se los daba a sus hijos. Como suele ocurrir en la vida, todos los sacrificios merecen la pena para alegrar a los seres queridos.

Historia 6: La rata y la media hamburguesa. Ejercicios
Antes de la lectura
1. Imagina que tienes que explicar a alguien los problemas que un animal de ciudad tiene para encontrar comida. ¿Qué palabras podrías utilizar?

_____

_____

Durante la lectura
2. Encuentra sinónimos de las siguientes palabras en la historia. Las palabras están en orden y el número indica el párrafo en el que se encuentran. Los verbos se presentan en infinitivo y los nombres y adjetivos en masculino singular, no como aparecen en el texto.

1. urbe _____   4. mirar _____

1. velozmente _____   4. espacio _____

1. desvergonzado _____   4. preparar _____

1. furioso _____   4. humo _____

1. enojado _____

1. roedor _____   5. prepararse _____

1. junto a _____   5. ganar _____

1. mucho _____   5. tarea _____

2. con grasa _____   5. muy caliente _____

2. mordisco _____   5. separar _____

2. todavía _____

2. feliz _____   6. una vez más _____

2. guarida _____   6. detenerse _____

2. muchos _____   6. comprender _____

2. ocupado _____   6. padecimiento _____

2. cruzarse _____   6. complacer _____

2. camino _____   6. amado _____

3. tirar _____

3. sección _____

3. eludir _____

3. dientes _____

3. ocasión _____

3. por ahora _____

3. Encuentra en la historia ejemplos de las siguientes estructuras gramaticales:
- Complemento directo (explica por qué se usa)

_____
_____
_____
_____

- Complemento indirecto (explica por qué se usa)

_____
_____
_____
_____

- *Por* y *para* (explica por qué se usa uno u otro en cada caso)

_____
_____
_____
_____

4. Pon las siguientes frases en el orden en el que aparecen en la historia.

_____ Una rata empieza a transportar una hamburguesa a su madriguera.
_____ La hamburguesa se parte en dos.
_____ El roedor reparte la hamburguesa entre su familia.
_____ El humo le impide cruzar la carretera.
_____ Un vehículo casi mata a la rata.

5. La historia tiene seis párrafos. Escribe el número de cada párrafo en la descripción que le corresponda.

_____ La rata recuerda un dicho.
_____ La cosa iba demasiado bien para ser verdad.
_____ Se describe la estrategia que usa la rata para cruzar.
_____ Se presenta el reto al que se tiene que enfrentar la rata.
_____ Los humanos están infelices pero un animal está muy contento.
_____ La rata descansa triunfante.

6. Preguntas de comprensión.

a) ¿Cuál fue el motivo por el que la rata se puso aún más contenta tras encontrar la hamburguesa?
_____

b) ¿Qué detuvo a la rata al intentar cruzar la carretera por segunda vez?
_____

c) ¿Por qué tuvo la rata que cambiar la técnica que usaba para evitar las ruedas de los coches?
_____

d) ¿Qué le bloqueó la vista a la rata?
_____

e) ¿Qué hizo detenerse al coche justo antes de atropellar a la rata?
_____

Después de la lectura
7. ¿Qué recursos literarios encuentras en el texto?
_____
_____
_____
_____

8. ¿Cuál es, en tu opinión, el mensaje principal del texto? ¿Por qué crees eso?
_____
_____
_____
_____

9. Dibuja la historia sin usar texto. Puedes hacer esto dibujando los eventos principales de la historia y conectándolos mediante flechas.

10. La rata del cuento sufrió mucho estrés para conseguir su objetivo. ¿Alguna vez has tenido alguna situación similar? Cuéntale a tu compañero cómo fue.

_____
_____
_____
_____

Historia 7: El árbol de la amistad

Hay un árbol muy famoso conocido como *El árbol de la amistad*. Mucha gente lo visita y hace ofrendas para recordar a los amigos que ya no están con ellos pero no hay mucha gente que sepa ciertamente cuál fue el origen de ese árbol. Yo lo sé porque me lo contó mi abuelo en una lengua que ya no se habla. Si me escuchas un momento, te cuento la historia.

Todo ocurrió hace relativamente poco tiempo. Había una granja cerca de la colina de *El árbol de la amistad* que era, con diferencia, la granja más grande de los alrededores. Además de su tamaño, la granja también era especial porque acogía a animales de todos tipos, incluyendo a animales que habían sido maltratados por sus anteriores dueños. Algunos dicen que la granja era tan grande y que tenía una diversidad tan amplia de animales que era como si fuese un mundo en sí misma.

Una vez, durante un invierno que no había sido particularmente duro, un perro salió a buscar comida por los vastos campos de la granja. Era un perro algo gordito con un pelo ciertamente raro; no necesariamente diferente, pero raro. El perro salió a buscar comida para su hermana cuando, al llegar a una colina alejada de su madriguera, empezó a caer una fuerte ventisca. El perro corría por la colina buscando un lugar para cobijarse cuando, de repente, oyó el lloro de otro animal. Siguió el sonido hasta que encontró a una ovejita atascada en el barro. El perro ayudó a la ovejita a salir del fango y ambos se cobijaron en una cueva cercana a la colina. La nieve seguía cayendo fuertemente afuera y los dos animalitos tenían frío. El perro, temiendo que no podrían salir de su refugio en unos días, fue en busca de algo de comida antes de que la nieve tapara completamente el único agujero de entrada y salida. Volvió al poco tiempo con algo de fruta y con agua fresca en una corteza de árbol para que la ovejita comiera algo. Mientras tanto, la ovejita se había cortado parte de su largo pelo para preparar una manta y que el perro no pasase frío. Ambos animalitos se alegraron de tener un amigo que les hubiera mostrado tal lealtad y se dieron compañía y se ayudaron el uno al otro durante los tres días que duró la tormenta de nieve. Al terminar la tormenta, el perro y la oveja se pasearon por la colina, jugando al sol y explorando el campo mientras que la nieve se terminaba de derretir. El perrito se lo estaba pasando bien pero tuvo que irse para llevarle comida a su hermana. El perrito y la oveja se despidieron y fue una despedida muy triste. Ambos sabían que iban a echarse de menos y no sabían cuándo ni dónde se volverían a encontrar. «Si la granja no fuera tan grande, nos podríamos ver más», decían los dos.

El perrito estaba corriendo hacia su madriguera cuando cayó en un barrizal. Consiguió salvar la comida que llevaba a su hermana pero la mezcla de tierra, agua sucia y barro hicieron que el pelo del perrito se secara dándole un aspecto tenebroso. El perrito no se dio cuenta de esto hasta que llegó a su madriguera y le dio la comida a su hermana. Esta se asustó al principio, pero no le importaba que el perrito estuviese sucio; a pesar de su nuevo aspecto, sabía que seguía siendo el mismo perrito que fue a por comida para que ella no pasara hambre.

El perrito le contó a su hermana cómo había sobrevivido y le habló de su nueva amiga la ovejita. A las pocas semanas, el perrito decidió ir a visitar a su amiga la ovejita pero no esperaba lo que iba a pasar. Al acercarse a la ovejita, esta le confundió con un lobo de los que tantas veces la habían atacado en su antigua granja y corrió en dirección contraria al perrito. Este empezó a correr detrás de ella, mientras se sentía triste de que su buena amiga la ovejita no lo reconociera. A pesar de querer explicarle quién era, dejó de correr, ya que sabía que un poco más adelante había un río y no quería que la ovejita se ahogara al intentar escapar de él. «Si supiera que soy yo, seguro que no se asustaría», pensó el perrito.

El perrito volvió a su madriguera y lloró porque su amiga no lo había reconocido. Al poco tiempo, decidió volver a visitarla. «Cuando vea a la ovejita, le contaré lo que me pasó», se decía el perrito. «Si pudiese explicarle todo, seguro que no huiría de mí», se repetía una y otra vez.

El perrito aún tenía ese aspecto lúgubre que le había dado el agua sucia del charco cuando se acercó a la ovejita y, al igual que ocurrió anteriormente, la ovejita confundió a su amigo el perrito por un lobo y salió corriendo. El perrito lloraba mientras corría detrás de la oveja y le pedía que no corriera, que era su amigo, pero la ovejita estaba muy asustada y no oía nada. El perrito se acordó que había un barranco un poco más adelante y dejó de correr para evitar que la ovejita se cayera por este al intentar huir.

Otra vez, el perrito se puso triste de que esa gran amiga suya no pudiera ver más allá de su desaliñado aspecto para ver que era el mismo animal con el que había pasado tres días estupendos en la colina. El perrito echaba mucho de menos a su amiga y decidió ir a hablar con ella una tercera vez.

Al igual que en las otras dos ocasiones, la ovejita se asustó al ver el pelo sucio y oscuro del perrito y, al creerse que era otro lobo, salió corriendo. El perrito corrió detrás de la oveja una última vez, hablándole con lágrimas en sus ojos. «Si te paras, te lo explicaré todo», decía el perrito, pero la ovejita no oyó sus explicaciones. El perrito dejó de perseguir a su amiga la oveja. Esta vez no había ningún peligro delante de ella, pero le preocupaba que la oveja lo estuviera pasando mal intentando huir de él.

De camino a su madriguera, el perrito lloraba de tristeza por lo mucho que echaba de menos a su amiga la ovejita. Tenía tantas lágrimas en los ojos que no vio una carreta pasar y le atropelló, dejándolo muy mal herido. Por una de esas casualidades del destino, su hermana pasó por allí unos minutos después y encontró al perrito dando sus últimos alientos. Este le contó lo que le había ocurrido otra vez al intentar visitar a su amiga la ovejita y le pidió perdón por haber descuidado a su familia. La perrita le dijo que había sido el mejor perrito que habría podido desear y le preguntó que si quería un último favor.

«Sí», contestó el perrito. «Planta un árbol con mis cenizas en la cima de la colina en la que pasé aquellos tres días con mi gran amiga la ovejita. Llamad al árbol *El árbol de la amistad* y decidle a mi amiga la ovejita que siento mucho haberla hecho sufrir, pero que solo quería su amistad y que siento que, a pesar de mi aspecto deshilachado, no hubiera reconocido al amigo suyo que una vez fui y que quería ser».

«¿Algo más?», le preguntó su hermana. «Sí, por favor», añadió el perrito. «Decidle que si me perdona algún día, que plante una rosa al lado de *El árbol de la amistad*. Yo estaré mirando desde el cielo y así sabré si me ha perdonado por asustarla tanto».

La hermana del perrito no hizo eso pero un amigo sí. Siempre les ha dado pena ir a ver el árbol para ver si la ovejita llegó a perdonar a su perrito y plantó una rosa allí. Si alguien se pasa por allí, que me lo diga si puede ver una rosa y yo mismo se lo diré a la perrita. Ah, y antes de que se me olvide, la lengua que hablaba mi abuelo usaba la misma palabra para *hermana* y para *esposa*, así que puede que haya algunos detalles que no haya entendido bien.

Historia 7: El árbol de la amistad. Ejercicios
Antes de la lectura
1. Escribe una lista de palabras para describir una relación de amistad.

_____

_____

_____

_____

Durante la lectura
2. Encuentra sinónimos de las siguientes palabras en la historia. Las palabras están en orden y el número indica el párrafo en el que se encuentran. Los verbos se presentan en infinitivo y los nombres y adjetivos en masculino singular, no como aparecen en el texto.

1. ofrecimiento _____	7. aproximarse _____
1. verdaderamente _____	7. antes _____
2. pasar _____	7. atemorizado _____
2. amparar _____	7. precipicio _____
3. muy grande _____	7. impedir _____
3. bastante _____	8. entristecerse _____
3. lejos _____	8. descuidado _____
3. tormenta _____	8. maravilloso _____
3. protegerse _____	9. vez _____
3. fango _____	9. aclaración _____
3. andar _____	10. carro _____
4. siniestro _____	10. lesionado _____
4. apariencia _____	10. suspiro _____
5. equivocar _____	11. cumbre _____
5. anterior _____	11. nombrar _____
6. pronto _____	12. sembrar _____
6. ocurrir _____	12. observar _____
6. escapar _____	13. tristeza _____
	13. contar _____

3. Encuentra en la historia ejemplos de las siguientes estructuras gramaticales:
- imperfecto de subjuntivo (explica por qué se usa)

_____
_____
_____
_____

- oraciones condicionales de Tipo 1 y Tipo 2 (explica por qué se usa cada una)
_____
_____
_____
_____

4. Pon las siguientes frases en el orden en el que aparecen en la historia.
_____ Un perro se pierde al buscar comida.
_____ Un animal planta un árbol.
_____ Un perro vuelve a su casa.
_____ Dos animales se hacen amigos.
_____ Un perro intenta saludar a una ovejita y esta se asusta.

5. Preguntas de comprensión.
a) ¿Por qué era diferente esa granja?
_____

b) ¿Qué le trajo de comer el perrito a la ovejita en la cueva?
_____

c) ¿Por qué tenía el perrito un aspecto tan tenebroso cuando llegó a su madriguera?
_____

d) ¿Por qué dejó el perrito de seguir a la oveja la primera vez?
_____

e) ¿Qué pide el perrito que usen para plantar el árbol?
_____

f) ¿Qué se dice al final sobre la lengua que hablaba el abuelo del narrador?
_____

Después de la lectura
6. Habla con un compañero sobre estos puntos.
a) ¿Cuál crees que es el tema principal de la historia?
_____
_____

b) ¿Cómo cambia la última frase tu interpretación de la historia?
_____
_____

c) ¿Qué recursos literarios puedes encontrar en la historia?
_____
_____

7. Imagina que el perrito consigue hablar con la ovejita. ¿Qué se dirían el uno al otro? Crea con un compañero un diálogo para esta escena. Lo podéis hacer directamente de forma oral o podéis escribir un diálogo primero y luego representarlo en clase.
_____
_____
_____
_____
_____
_____

Historia 8: La gansa ciega

Puede que no lo hayas pensado antes, pero es raro encontrar en el mundo animal especies que mantengan la misma pareja durante toda su vida. Que yo sepa, solamente hay una decena de especies monógamas, a no ser que los científicos hayan descubierto más en los últimos años.

El ganso es uno de esos animales y hubo una vez un ejemplar de esta especie que estaba muy triste porque creía que nunca encontraría pareja, hasta que un día le ocurrió algo que jamás hubiera imaginado. De repente, cuando ya había perdido la esperanza, vio a una hembra de su especie andar por el parque. Era especialmente guapa, pero el ganso solitario se dio cuenta muy pronto de que algo pasaba. Ese animal tan bonito parecía algo confuso y torpe, y andaba tropezándose con los montoncitos de arena que habían dejado algunos perros que vivían por los alrededores. El ganso se acicaló bien y se acercó a la hembra, disimulando, como si no la hubiera visto, aunque pronto se dio cuenta de cuál era el problema: la hembra estaba ciega. «Si hubiera sabido que no puede ver, habría tenido más cuidado para no asustarla», pensó el ganso.

Los dos animales se hicieron muy buenos amigos y terminaron siendo pareja. Un día, durante una de sus caricias, el ganso se dio cuenta de cuál era el problema. Las pestañas de la hembra crecían hacia dentro y al dañar los ojos de la hembra, no le permitían abrirlos y por eso no podía ver bien. El ave pensó que podría cortarle las pestañas a la hembra para que esta pudiese ver, pero pronto empezó a preocuparse. «Y cuando recobre la vista y vea lo feo que soy, seguro que me deja por otro pájaro más guapo y deja de hablarme, como si nunca hubiéramos sido pareja». El ganso siguió pensando esto y tardó unos días en decidir qué hacer. Quería mucho a la gansa y no podía permitir que esta siguiera ciega, así que decidió ayudarle a recobrar la vista a pesar de correr el riesgo de que su relación se terminase.

El pájaro le cortó las pestañas a su novia y esta recobró la vista. La gansa se alegró mucho de ver los colores del campo. «No esperaba que hubiesen construido un jardín tan bonito en este parque», dijo la gansa. El ganso parecía preocupado y estaba algo triste, pero la gansa le dio un achuchón, sonrió y le dijo al ganso que, ya que podía ver, ella también iba a tener que ayudar a construir ese nido que habían empezado hacía unos días. El ganso sonrió y compartió su preocupación con la gansa, y esta se rio y dijo a modo de burla: «al fin y al cabo, llevo ciega toda la vida, así que no te puedo comparar con otros, lo que te convierte en el ganso más guapo que haya visto jamás».

Historia 8: La gansa ciega. Ejercicios
Antes de la lectura
1. ¿Has visto alguna vez algún animal con algún tipo de discapacidad? ¿Qué problemas tenía ese animal que no tuvieran otros animales de su especie?

_____
_____
_____
_____

Durante la lectura
2. Encuentra antónimos de las siguientes palabras en la historia. Las palabras están en orden y el número indica el párrafo en el que se encuentran. Los verbos se presentan en infinitivo y los nombres y adjetivos en masculino singular, no como aparecen en el texto.

1. después _____	3. malo _____
1. distinto _____	3. empezar _____
1. polígamo _____	3. fuera _____
1. primero _____	3. cerrar _____
2. contento _____	3. despreocuparse _____
2. siempre _____	3. perder _____
2. feo _____	
2. tarde _____	
2. claro _____	4. entristecerse _____
2. ágil _____	4. feo _____
2. alejarse _____	4. derrumbar _____
2. ignorar _____	4. terminar _____
	4. siempre _____

3. Encuentra en la historia ejemplos de las siguientes estructuras gramaticales:

- presente perfecto de subjuntivo (explica por qué se usa en cada caso)

_____
_____
_____
_____

- pasado perfecto de subjuntivo (explica por qué se usa en cada caso)

_____
_____
_____
_____

- oraciones condicionales de Tipo 3

_____
_____
_____
_____

4. Pon las siguientes frases en el orden en el que aparecen en la historia.

_____ Una gansa recobra la vista.
_____ Un ganso se preparó para estar más guapo.
_____ Un ganso vio a una gansa torpe.
_____ Un ganso descubre cuál es el problema con los ojos de una gansa.

5. La historia tiene cuatro párrafos. Escribe el número de cada párrafo en la descripción que le corresponda.

_____ Todo es relativo, dependiendo de con qué se compare.
_____ Un ave estaba sola y eso no le gustaba.
_____ Dos animales comienzan una relación sentimental.
_____ Hay muy pocos animales que tengan siempre la misma pareja.

Después de la lectura
6. ¿Te ha gustado la historia? ¿Por qué?
_____
_____
_____
_____

7. ¿Cuál crees que es la idea principal del texto y cómo expresa esto el autor?
_____
_____
_____
_____

8. Dibuja la historia sin usar texto. Puedes hacer esto dibujando los eventos principales de la historia y conectándolos mediante flechas.

Historia 9: Y el horizonte se quedó solo

Se dice que un día se recibió la noticia de que el mundo se iba a terminar tal como se conocía pero que se iba a mudar todo a otro planeta, que es en el que vivimos ahora. Se anunció que la mudanza se haría de manera organizada y que todo se haría de acuerdo con la última legislación en cuanto a prevención de riesgos y respeto a la diversidad, necesidades especiales de los discapacitados, etc. No se les olvidó ningún detalle.

La empresa encargada de mudar el mundo a otro planeta empezó a prepararlo todo y llegaron a la cuestión del transporte. Con el fin de organizarlo todo en compartimentos de tamaño regular, se anunció que todo en la Tierra tenía que ir en parejas en un compartimento y que cada cosa o conjunto tenía que buscar su propia pareja. ¡Fue un caos y nadie se lo esperaba! Nadie quería quedarse solo, todo el mundo pensaba y pensaba para encontrar al compañero de viaje ideal y poco a poco se fueron formando parejas.

La humanidad se juntó con los animales. El cielo se juntó con las nubes. La esperanza se juntó con el futuro y se dieron un fuerte abrazo. El pasado se juntó con la historia y se dieron la mano para unir sus lazos. Se formaron muchas más parejas que no se pueden mencionar por cuestión de espacio y tiempo.

El horizonte se desesperaba porque no encontraba pareja. El cielo creía que el horizonte pegaba más con la tierra, pero la tierra pensaba que no, que el horizonte iba mejor con el cielo. El horizonte también intentó juntarse con la humanidad y deshacer la unión entre la humanidad y los animales, pero la humanidad dijo que no, que cada vez que ella había intentado viajar hacia el horizonte, este se había movido y se había alejado aún más. El mar también rechazó la oferta del horizonte diciendo que este siempre había cortado al mar e impedía a la humanidad ver los mares y océanos en toda su plenitud. El horizonte intentó también aliarse con la esperanza, pero esta le contestó que no y que estaría mejor con el futuro, porque el futuro se puede alcanzar, pero el horizonte no. Todos veían al horizonte como algo frío, distante e inalcanzable, y así, uno a uno rechazó la compañía del horizonte. La desdicha del horizonte crecía y al final, resultó que si se sumaban todas las cosas que conformaban el mundo anterior, se obtenía un número impar, por lo que el horizonte se quedó sin pareja y no pudo viajar al nuevo mundo. Si no te has dado cuenta de que el horizonte ya no está con nosotros, será porque andas demasiado ocupado para relajarte e intentar llegar a él con tu vista.

Historia 9: Y el horizonte se quedó solo. Ejercicios
Antes de la lectura
1. Escribe una lista de palabras para describir el horizonte.

_____

_____

_____

_____

Durante la lectura
2. Encuentra sinónimos de las siguientes palabras en la historia. Las palabras están en orden y el número indica el párrafo en el que se encuentran. Los verbos se presentan en infinitivo y los nombres y adjetivos en masculino singular, no como aparecen en el texto.

1. acabar　　　　_____

1. llevar　　　　_____

1. comunicar　　_____

1. según　　　　_____

1. más reciente　_____

2. organizar　　_____

2. tema　　　　_____

2. verlo venir　_____

3. unirse　　　_____

3. crear　　　　_____

4. rehusar　　　_____

4. mala suerte　_____

4. conseguirse　_____

4. estar　　　　_____

4. visión　　　_____

3. Encuentra en la historia ejemplos de las siguientes estructuras gramaticales:
- distintos usos de *se* (explica por qué se usa uno u otro)

_____
_____
_____
_____

4. La historia tiene cuatro párrafos. Escribe el número de cada párrafo en la descripción que le corresponda.

_____ Se organizó todo de dos en dos.
_____ Hubo una cosa que se quedó sin pareja.
_____ Se decidió que se iba a llevar todo a otro planeta.
_____ Se describen muchas parejas.

5. Contesta las siguientes preguntas sobre la historia.

a) ¿A qué planeta se mudó todo?
_____

b) ¿Qué cuestiones se iban a tener en cuenta en la mudanza?
_____

c) ¿Por qué decidió la empresa organizar todo en parejas?
_____

d) ¿Quién se dio un abrazo?
_____

e) ¿Por qué rechaza la esperanza al horizonte?
_____

f) ¿Por qué se dice que el horizonte tuvo mala suerte?
_____

Después de la lectura

6. Habla con un compañero sobre los siguientes puntos.

a) ¿Qué recursos literarios puedes encontrar en el cuento?
_____
_____
_____
_____

b) ¿Cuál crees que es el mensaje principal de la historia? ¿Por qué?
_____
_____
_____
_____

c) El texto invita al lector a relajarse. ¿Crees que hoy en día la gente vive más estresada que en el pasado?
_____
_____
_____
_____

d) ¿Qué crees que contribuye a aumentar el estrés en nuestras vidas?
_____
_____
_____
_____

e) ¿Cómo intentas relajarte cuando te sientes estresado?
_____
_____
_____
_____

Historia 10: El viaje de los deseos

Es un hábito algo anticuado ya pero, antiguamente, mucha gente tenía por costumbre depositar sus deseos, escritos en papel, en una botella de cristal la cual era arrojada al mar. Creían que si la botella llevaba el deseo lo suficientemente lejos, este se cumpliría. Aunque ya hace tiempo que esto no se hace, aún hay botellas navegando por el mar con deseos que fueron escritos hace siglos, y muchos están escritos en lenguas que han dejado de existir.

No hace mucho, dos de estas botellas se encontraron en alta mar y dio la casualidad de que chocaron la una con la otra. El destino quiso que, a pesar de la inmensidad del océano, estos dos deseos se tocaran durante su largo viaje. Ambas botellas, cansadas de un viaje tan largo y solitario, se pusieron a hablar sobre su viaje. Las botellas se narraron historias de lo que habían visto en sus viajes: un loco que viajaba hacia el oeste para llegar al este, personas desterradas de sus tierras y forzadas a ir a otros lugares para trabajar sin compensación, galeones de piratas y personas viajando a otras tierras en busca de una vida mejor. Ambas botellas siguieron hablando durante horas hasta que una de ellas sugirió compartir los deseos que cada una llevaba dentro. «Mi deseo fue escrito por un hombre muy alto», dijo una de las botellas. «No vi bien a la persona que escribió mi deseo, pero recuerdo que fui lanzada al mar por una mano muy delicada», explicó la otra botella.

Ambas botellas sacaron el papel que llevaban dentro y lo ojearon con atención, ya que se dieron cuenta de que a pesar de haber llevado ese deseo dentro durante tanto tiempo, nunca se habían parado a leerlo ni a ver qué decía, de igual modo que uno a veces pierde consciencia de su objetivo y motivación cuando lleva tiempo inmerso en una tarea ardua que se complica.

Ambas botellas sonrieron al leer el deseo y se acordaron de un tiempo más feliz, en el que la gente pedía deseos más profundos y los bienes materiales eran considerados menos importantes. Las botellas se pasaron el papel la una a otra y lo que leyeron en el otro mensaje les borró la sonrisa por un instante, hasta que se miraron y se dieron un abrazo, poniendo las dos notas juntas. Un mensaje había sido escrito por un hombre que trabajaba en un faro muy famoso y había perdido la pista de su amada cuando una ciudad portuaria había sido atacada. El otro mensaje había sido escrito por una mujer que no había sido capaz de localizar a su amado tras un ataque a su ciudad en el que se había destruido una gran biblioteca. Las botellas se dieron cuenta de que los dos mensajes habían sido escritos por una pareja de amantes que se echaban de menos. Por una de esas grandes casualidades de la vida, los dos deseos se encontraron en mitad del océano a miles de kilómetros del lugar donde habían sido escritos.

Ninguna de las botellas sabía si los amantes se habían reencontrado en vida, pero se sintieron muy orgullosas de que todo su duro trabajo y ese largo viaje contribuyesen a que al final, de una manera u otra, los dos amantes pudiesen estar juntos, ya que los deseos que dejamos en este mundo, sobre todo si son puros, son una continuación de la persona que los engendró.

Historia 10: El viaje de los deseos. Ejercicios
Antes de la lectura
1. Escribe una lista de palabras para describir un viaje muy largo por mar.

_____
_____
_____
_____

Durante la lectura
2. Encuentra sinónimos de las siguientes palabras en la historia. Las palabras están en orden y el número indica el párrafo en el que se encuentran. Los verbos se presentan en infinitivo y los nombres y adjetivos en masculino singular, no como aparecen en el texto.

1. costumbre _____
1. meter _____
1. cesar _____

2. tropezar _____
2. infinidad _____
2. contar _____
2. obligado _____
2. proponer _____

3. observar _____
3. detener _____
3. conocimiento _____
3. difícil _____

4. quitar _____
4. querido _____
4. encontrar _____

5. ayudar _____
5. forma _____
5. generar _____

3. Encuentra en la historia ejemplos de la voz pasiva.

_____
_____
_____
_____
_____
_____
_____

4. La historia tiene cinco párrafos. Escribe el número de cada párrafo en la descripción que le corresponda.

_____ Desde el comienzo del viaje hasta ahora.
_____ Todo su trabajo había sido recompensado.
_____ Investigaron sobre qué es lo que llevaba cada una.
_____ Es algo que se solía hacer.
_____ Los mensajes de las dos botellas estaban relacionados.

5. Preguntas de comprensión.

a) ¿Cuándo se creía que se cumplirían los deseos?
_____

b) ¿Qué se dice sobre los idiomas usados para escribir esos deseos?
_____

c) Según la historia, una de las botellas había visto a «un loco que viajaba hacia el oeste para llegar al este». ¿A quién se refiere?
_____

d) Según la historia, una de las botellas había visto a «personas desterradas de sus tierras y forzadas a ir a otros lugares para trabajar sin compensación». ¿A qué se refiere esa descripción?
_____

e) ¿Por qué sonrieron las botellas al leer cada una su deseo?
_____

f) ¿Por qué dejaron de sonreír las botellas al leer el deseo de la otra?
_____

g) El nombre de la ciudad que fue atacada no se menciona, pero ¿puedes adivinar cómo se llamaba? ¿Por qué?
_____

h) ¿Por qué se sienten orgullosas las botellas al final de la historia?
_____

Después de la lectura
6. Contesta las siguientes preguntas o discute esos puntos con un compañero.
a) ¿De qué trata la historia?
_____
_____

b) ¿Te ha gustado?
_____
_____

c) ¿Hay algo que no entiendes de la historia?
_____
_____

7. Escribe un resumen de la historia en un máximo de cinco líneas.
_____
_____
_____
_____
_____

8. Analiza la historia. ¿Qué se dice y cómo se dice?

_____
_____
_____
_____
_____

9. Pasa las siguientes oraciones de voz activa a voz pasiva.
a) Algunos libros de historia describen esa ciudad en gran detalle

_____
_____

b) Algunos habitantes explicaron lo que podría ocurrir

_____
_____

c) Durante un ataque, unos guerreros destruyeron una biblioteca muy famosa

_____
_____

d) Los marineros vieron los barcos que huían de la ciudad

_____
_____

10. Pasa las siguientes oraciones de voz pasiva a voz activa.
a) Mi deseo fue escrito por un hombre muy alto

_____
_____

b) Fui lanzada al mar por una mano muy delicada

_____
_____

c) Un mensaje había sido escrito por un hombre que trabajaba en un faro muy famoso
_____
_____

d) El otro mensaje había sido escrito por una mujer que no había sido capaz de localizar a su amado
_____
_____

Historia 11: El día que murió lo negativo

Hay una isla en el Océano Pacífico que ha cautivado el interés de los etnógrafos desde hace mucho tiempo dadas sus prácticas culturales y lingüísticas. Una de las particularidades de la isla se haya en su nombre, ya que el sistema de escritura del español no permite escribirlo debido a su pronunciación peculiar. Además de su nombre, algunas costumbres, raras a los ojos de los europeos, llaman la atención de los sociólogos. Una de esas costumbres es la que dio lugar a un hecho curioso que convirtió a sus habitantes en los más felices del mundo.

Según una antigua tradición, cuando un nuevo monarca de la isla asume el trono, el monarca debe elegir una palabra del vocabulario de la lengua nativa que será como se le conocerá durante su reinado. Así, los monarcas se asemejan a los dioses de civilizaciones antiguas, el monarca del cielo, el del agua, etc. Ahora bien, por esa misma costumbre, cuando el monarca muere, ese término no se puede volver a usar y los sabios de la isla se reúnen para decidir qué nuevo término van a usar para designar a esa palabra que se acaba de perder en el vocabulario. Resulta que hace años un nuevo rey eligió un nombre curioso, *Ototo*, que significaba, hasta entonces, «odio» en la lengua de la isla. Fue un monarca maligno y quería dar miedo a sus súbditos y cuando murió, automáticamente, se dejó de usar esa palabra para designar el significado de odio en la isla. Esto, sin embargo, causó bastantes problemas.

Ototo significaba «odio» pero también significaba «odiar». Los sabios de la isla debatieron y decidieron que no se podría usar tampoco ningún derivado de ese término. Así, la palabra «no gustar» era *oto*, «odiar muchísimo» se decía *otototo* y «malo» se decía *toto*.

Uno de los sabios propuso usar la palabra *ititi* para «odio», pero los otros sabios decían que el sonido «i» era demasiado feliz como para denotar algo negativo. Otro sabio sugirió usar *ososo*, pero la musicalidad de la «s» tampoco transmitía una idea negativa. Así, el debate se alargó durante semanas.

Mientras tanto, la gente de la isla se desesperaba porque no tenían manera de explicar que algo no les gustaba y no podían decirles a otras personas que las odiaban. Poco a poco, esos sentimientos negativos se fueron escapando de la isla y, al no poder hablar de cosas negativas, todo el mundo empezó a ser más feliz. Conforme pasaban los días, la gente empezó a sonreír más y el número de peleas disminuyó.

El grupo de sabios se reunió otra vez para intentar reemplazar esa palabra que ya no se podía usar y que yo tampoco usaré por respeto a las costumbres de la isla. Sin embargo, uno de los sabios tuvo una gran idea y dijo: «si llevamos una luna sin tener una palabra que exprese lo que la última innombrable expresaba y la gente está ahora más feliz, quizás deberíamos prescindir de tal palabra». Los otros sabios estuvieron de acuerdo y decidieron suprimir el debate. Desde entonces, al no poder referirse a nada negativo, los habitantes de la isla se convirtieron en el pueblo más feliz del mundo. Esto no es porque no exista nada malo ni negativo en ella, sino que como no pueden hablar de ello ni describirlo, lo ignoran y continúan con sus vidas.

Historia 11: El día que murió lo negativo. Ejercicios
Antes de la lectura
1. Escribe una lista de cosas que no te gusten. Puedes incluir cualquier cosa.

_____
_____
_____
_____

Durante la lectura
2. Encuentra sinónimos de las siguientes palabras en la historia. Las palabras están en orden y el número indica el párrafo en el que se encuentran. Los verbos se presentan en infinitivo y los nombres y adjetivos en masculino singular, no como aparecen en el texto.

1. atraer _____   4. sugerir _____

1. costumbre _____ 4. expresar _____

1. llamativo _____ 4. pensamiento _____

                              4. extenderse _____

2. costumbre _____

2. rey _____   5. impacientarse _____

2. parecerse _____ 5. transcurrir _____

2. otorgar _____   5. lucha _____

2. crear _____

2. numerosos _____ 6. sustituir _____

                              6. puede que _____

3. ilustrado _____ 6. privarse _____

3. palabra _____   6. cancelar _____

3. detestar _____

3. Pon las siguientes frases en el orden en el que aparecen en la historia.

_____ Se debate sobre unos términos.

_____ El rey de la isla murió.

_____ Se decidió no reemplazar una palabra con otra.

_____ Empezó a haber menos enfrentamientos entre personas.

4. La historia tiene seis párrafos. Escribe el número de cada párrafo en la descripción que le corresponda.

_____ Se describe una tradición peculiar.

_____ Se describe qué sentimientos asociaban distintas personas a ciertos sonidos.

_____ La gente estaba preocupada.

_____ Se describen algunas particularidades léxicas de una lengua.

_____ Se habla de las particularidades de un lugar.

_____ El ignorar cosas malas puede hacernos más felices.

5. Preguntas de comprensión.

a) ¿Por qué es curioso el nombre de la isla?

_____

b) ¿Por qué elige cada nuevo monarca una palabra con la que ser conocido?

_____

c) ¿Qué pasa con esa palabra cuando el monarca muere?

_____

d) ¿Por qué se rechazó la palabra *ititi*?

_____

e) ¿Por qué empezó a estar la gente más feliz?

_____

Después de la lectura
6. Escribe un resumen de la historia en un máximo de seis líneas.
_____
_____
_____
_____
_____

7. Habla con un compañero sobre estos puntos
a) Los sabios relacionan distintos sentimientos a distintos sonidos, ¿crees que eso ocurre en tu lengua materna?
_____
_____

b) ¿Qué recursos literarios puedes encontrar en la historia?
_____
_____

c) ¿Cuál crees que es el mensaje principal en la historia? ¿Por qué?
_____
_____

8. En este relato, los sabios controlan un aspecto del lenguaje; esto se llama «planificación lingüística». ¿Conoces algún ejemplo de planificación lingüística? Explícaselo a un compañero.
_____
_____
_____
_____

9. ¿Hay algunas palabras en tu lengua materna que no te gusten? ¿Por qué?
_____
_____
_____

10. Si pudieras cambiar algo de tu lengua materna, ¿qué sería y por qué?
_____
_____
_____
_____

Historia 12: El pastor y la estrella

Hay una cosa que no mucha gente sabe y es que las estrellas que vemos en el cielo no están ahí de manera permanente, sino transitoria.

El cielo que vemos desde nuestro pequeño planeta es un cielo temporal, de tránsito, en el que las estrellas esperan a ser movidas a una posición fija. Hay diversas maneras en las que las estrellas llegan a estar en esa situación, pero la más común es cuando el ente encargado de decidir a dónde va cada estrella no puede tomar una decisión durante algún tiempo. Hay muchísimas estrellas en el cielo, así que la cola para tramitar todas las solicitudes va algo lenta y esto es por lo que algunas estrellas han estado en su posición actual en el cielo durante siglos y siglos.

Había una estrellita luminosa y nerviosa a la que le tocó revisión de su solicitud un día y la estrella estaba muy contenta de enterarse de a dónde sería destinada. Durante la revisión de la solicitud, el ente decisivo no pudo, o no quiso, juzgar la solicitud de la estrellita y le dijo que necesitaba más pruebas de su buen corazón para asignarle un lugar en el cielo de las buenas estrellas. La estrellita se puso triste al oír esto y preguntó al ente qué podía hacer. El ente le dijo que podía ayudar a una persona y que así podría tomar una decisión sobre el futuro de la estrella, pero le dijo que tenía que elegir ella a la persona y que esto tenía que ser rápido.

La estrella supo inmediatamente a quién ayudar. Había una persona que desde su niñez había estado hablándole a la estrella muchas noches y ahora esta persona necesitaba ayuda y le había confesado sus últimos problemas a la estrella unas noches antes. La estrella bajó a la Tierra y encontró al hombre. Este tenía un problema y era que a su hijo le daba mucho miedo de la oscuridad. Al vivir en una colina aislada de otras casas ni había gente ni luz por la noche y él era demasiado pobre para poder tener las velas encendidas toda la noche. La estrella, para evitar que el niño llorara por la noche, empezó a brillar más en las horas de oscuridad e hizo esto hasta que el niño creció y dejó de darle miedo la noche.

Fue entonces cuando le llegó a la estrella el momento de despedirse de la persona y esta y la estrella se pusieron muy tristes, aunque la persona sabía que la estrella se había ganado un lugar permanente en el otro cielo y era lo que ella quería. Cuando la estrella fue a su próximo juicio, el ente le garantizó un lugar honorífico en el otro cielo, ya que había hecho algo realmente fabuloso por una persona que lo necesitaba. La estrella agradeció al ente el puesto, pero le pidió si podía quedarse donde estaba, ya que sabía que el pastor normalmente recurría a ella para ayudarle de una manera u otra. El ente le recordó a la estrella que los seres vivos de la Tierra viven vidas extremadamente cortas cuando se comparan con la de las estrellas, pero la estrella decidió que quería seguir en ese cielo y así poder cuidar de todos los descendientes del pastor: sus hijos, sus nietos, sus biznietos…

El ente accedió a la petición de la estrella y, como reconocimiento por su esfuerzo y sacrificio, la hizo más brillante. Cuando se corrió la voz, las otras estrellas siguieron su ejemplo para cuidar de otras personas. Así, las estrellas que más brillan en el cielo, que algunos adultos sabelotodo llaman planetas, son estrellas que han decidido quedarse en nuestro cielo para cuidar de alguien. La próxima vez que te sientas solo y triste, mira al cielo y seguramente verás a la estrella que decidió quedarse ahí para cuidar de ti.

Historia 12: El pastor y la estrella. Ejercicios
Antes de la lectura

1. El cielo y las estrellas representan distintos conceptos para distintas culturas y religiones. Escribe una lista de palabras para hablar de esos conceptos.

_____
_____
_____
_____

Durante la lectura

2. Encuentra sinónimos de las siguientes palabras en la historia. Las palabras están en orden y el número indica el párrafo en el que se encuentran. Los verbos se presentan en infinitivo y los nombres y adjetivos en masculino singular, no como aparecen en el texto.

1. algo   _____
1. firmamento   _____
1. constante   _____
1. pasajero   _____

2. provisional   _____
2. estable   _____
2. gestionar   _____

3. brillante   _____
3. otorgar   _____
3. ligero   _____

4. en seguida   _____
4. admitir   _____
4. retirado   _____

5. asegurar   _____
5. maravilloso _____
5. dar gracias   _____

6. consentir   _____
6. proteger   _____

3. La historia tiene seis párrafos. Escribe el número de cada párrafo en la descripción que le corresponda.

_____ Lo que se podía hacer para solucionar un problema.
_____ Se creó una nueva costumbre.
_____ Hay un dato desconocido para mucha gente.
_____ La estrella ayuda a alguien.
_____ Hay un proceso muy lento.
_____ La estrella dice dónde se quiere quedar.

4. Contesta las siguientes preguntas sobre la historia.

1. ¿Qué tres personajes principales hay en la historia?
_____
_____

2. ¿Quién toma normalmente la decisión sobre el destino/futuro de las estrellas?
_____
_____

3. ¿Qué tiene que hacer la estrella para entrar en el cielo de las buenas estrellas?
_____
_____

4. ¿A quién ayuda la estrella en esta historia?
_____
_____

5. ¿Quién vive más tiempo, una estrella o un ser vivo?
_____
_____

6. ¿Qué tienen de particular las estrellas más brillantes del cielo?
_____
_____

Después de la lectura
5. Habla con un compañero sobre estos puntos.
a) ¿Qué recursos literarios puedes encontrar en la historia?
_____
_____

b) ¿Cuál crees que es el mensaje principal en la historia? ¿Por qué?
_____
_____

6. En grupos pequeños, cread un mapa mental de la historia. Podéis hacer esto escribiendo de forma simple las ideas principales y usando flechas para conectar las ideas y eventos del relato.
_____
_____
_____
_____
_____
_____

Soluciones
Soluciones. Historia 1: La gaviota quejica
Antes de la lectura
Ejercicio 1
Respuesta libre
Ejercicio 2
Respuesta libre

Durante la lectura
Ejercicio 3

1. diferentes	distintas
1. impedir	bloquea
1. habitantes	residentes
1. denegar	desestimó
1. despegar	tomar vuelo
1. después de	tras
2. despacio	lentamente
2. contar	dijo
2. motivo	razón
2. los otros	los demás
3. arreglárselas	apañado
3. colega	amigos
3. lugar	sitios
4. área	zona
4. usar	aprovecho
4. dar miedo	asustan
5. destreza	habilidades
5. gozar	disfrutar
6. darse por vencido	se rindió
6. contento	feliz

Ejercicio 4
Ejemplos de posibles respuestas:
- *ser* y *estar* (explica por qué se usa uno u otro)

Ejemplos

Línea 19: *no era posible* – «ser» se usa en construcciones como «ser posible» o «ser necesario».

Línea 38: *están por aquí* – «estar» se usa para decir dónde está algo o alguien.

- presente y pasado continuo

Ejemplos

Línea 3: *está comiendo* – se refiere a una acción que está teniendo lugar en el momento.

Línea 5: *estaban jugando* – se usa para hablar de una acción continuada en el pasado.

- verbos que funcionan como *gustar*

Ejemplos

Línea 14: *le parece*

Línea 37: *me asustan*

Ejercicio 5

__2__ Un animal ofrece ayuda.

__3__ Siempre se puede encontrar lo que uno busca.

__5__ Si hay alguien mejor que tú en algo, intenta aprender de esa persona.

__1__ Hay un animal que siempre se está quejando.

__6__ No importa si no hay una razón para estar contento.

__4__ Algunos animales se pueden comer a uno de los personajes.

Ejercicio 6

a) ¿Cómo había perdido la pierna una de las gaviotas?
En un accidente en un bidón de basura.

b) ¿Qué está cambiando la gaviota?
Su comportamiento.

c) ¿Cómo son las piedras que ha descubierto el lagarto?
De muchas texturas diferentes.

d) ¿Qué animales prefieren los depredadores?
Animales con más relleno.

e) ¿Quién le ha dado consejos al lagarto sobre la vida?
Su abuela.

f) ¿Por qué dice el lagarto que sonríe aunque no tenga motivo para estar contento?
Para evitar fruncir el ceño y que le salgan más arrugas.

Después de la lectura
Ejercicio 7
Respuestas varias. Se incluye un ejemplo a continuación.
Creo que esta historia tiene varios mensajes. La historia nos anima a centrarnos en mejorar nuestra vida en vez de preocuparnos tanto por la vida de los demás. La historia también nos dice que es importante intentar ser feliz, aunque no sea siempre fácil.

En cuanto a las técnicas que usa el autor, creo que «encontrar un rayo de sol en un día nublado» es una metáfora para encontrar algo de felicidad cuando las cosas no van bien. También pienso que la expresión «es solo cuestión de buscarlo atentamente» es una manera de decirle al lector que tiene que intentar todo lo que sea para ser feliz.

Soluciones. Historia 2: Las cabras y la cuchara
Antes de la lectura
Ejercicio 1
Respuesta libre

Durante la lectura
Ejercicio 2

1. hacer fresco	refrescar
1. grupo	manada
1. arrojar	tiró
1. compañera	amiga
2. roca	piedra
2. resplandeciente	brillante
2. asombrado	fascinadas
3. dar	prestaron
3. llamativo	curioso
3. infinidad	sinfín
3. sacar punta	afilarse
3. minúsculo	diminutos
3. encajado	incrustados

3. muela	molares
3. hijo	crías
4. causar	provocó
4. malo	malignas/perversa
4. apoderarse	adueñarse
4. afianzar	asentar
4. asustado	aterrorizadas
4. orden	directrices
4. arreglarse	acicalarse
4. imponer	inculcaba
4. controlar	dirigir
5. llevar	dirigió
5. camino	sendero
5. cruce	bifurcación
5. ignorar	haciendo caso omiso
5. ir	tirar
5. enfadarse	se mosqueó
5. felicidad	alegría
5. raro	extraño
5. impulsar	catapultó

Ejercicio 3
- el imperfecto (explica por qué se usa en cada caso)
Ejemplos
Línea 1: *era* – se usa para contextualizar una historia en el pasado.
Línea 2: *había* – para contextualizar una historia en el pasado.
Línea 10: *se encontraban* – descripción de emociones en el pasado.
- el pretérito (explica por qué se usa en cada caso)
Ejemplos
Línea 3: *tiró, golpeó* - acciones pasadas finalizadas.
Línea 33 y 34: *sintió, decidió* – lista de eventos que se suceden en el pasado.

Ejercicio 4
___4___ Una cabra pequeña desobedeció unas órdenes.
___2___ Algunas cabras usaban la cuchara como espejo.
___3___ Las cabras tenían miedo.
___1___ Una cabra recibió un golpe en la cabeza.

Ejercicio 5
___3___ Le buscaron distintos usos a la cuchara.
___5___ Una cabra perdió el poder al romper la cuchara.
___4___ Una cabra usó el objeto para controlar a las demás.
___2___ Las cabras no sabían qué era ese objeto.
___1___ Las cabras encontraron una cuchara.

Ejercicio 6
a) ¿Qué le salió a una de las cabras en la cabeza?
Un chichón.
b) ¿Por qué sabían las cabras que ese objeto no era agua?
Porque sabían que el agua no llegaba a tener esa dureza.
c) ¿Cuándo usaban las cabras la cuchara para pegar a sus crías?
Cuando se portaban mal.
d) ¿Cómo hacía sentir la cabra mala a las otras del grupo?
Aterrorizadas.
e) ¿Por qué se fue la cabra más joven del grupo por el sendero con menos huellas?
Creía que habría más comida al final del camino.

Después de la lectura
Ejercicio 7
a) ¿De qué trata la historia?
Respuestas varias: La historia trata sobre el ascenso al poder y la pérdida de él de una oveja.
b) ¿Te ha gustado?
Respuestas varias
c) ¿Hay algo que no entiendes de la historia?
Respuestas varias

Ejercicio 8

Respuestas varias. Se incluye un ejemplo a continuación.

Unas cabras encontraron una cuchara y empezaron a darle múltiples usos. La cabra mala del grupo empezó a usar la cuchara para controlar al resto de la manada. Un día, la cabra mala se enfadó cuando la cabra más joven del grupo no siguió sus órdenes y le tiró la cuchara, rompiéndola contra una roca. Así, la cabra mala perdió todo su poder.

Ejercicio 9

Respuestas varias. Se incluye un ejemplo a continuación.

Qué se dice: *La historia presenta dos ideas principales. Por un lado, las circunstancias más simples pueden corromper a todos, especialmente a aquellos con afán de poder. Por otro lado, la historia elogia las cualidades de los más jóvenes y anima al lector a apreciar la pureza y la inocencia de los niños. El concentrarse en la pureza e inocencia de los niños puede ser una vía de escape ideal para aquellas personas que experimenten experiencias desagradables. Por ejemplo, un padre que trabaje en un ambiente hostil puede encontrar refugio en sus hijos al llegar a casa del trabajo.*

Cómo se dice: *En primer lugar, la cuchara puede simbolizar cualquier objeto o situación que dé poder a la gente, tales como el dinero o un ascenso en el trabajo. Los senderos simbolizan posibles elecciones en la vida y el deseo de ir por el sendero con menos huellas muestra la personalidad inquisitiva de los niños. Finalmente, la pérdida de la cuchara nos muestra que un cambio muy simple en las circunstancias puede causar la pérdida del sentimiento de superioridad. El triunfo de la inocencia de la cabra más joven sobre la cabra mala nos muestra la importancia de valorar las cualidades de los más jóvenes.*

Ejercicio 10

Respuesta libre

Soluciones. Historia 3: Las hormigas que se cayeron dos veces del mundo

Antes de la lectura
Ejercicio 1
Respuesta libre

Durante la lectura
Ejercicio 2

1. agradar — guste
1. grupo — colonia
1. contento — feliz
1. casa — hogar
1. perfecto — ideales

2. de repente — de forma repentina
2. peculiar — raro
2. precipitarse — se cayeron
2. discutir — debatían
2. acabarse — termine
2. dar vueltas — giraba

3. un poco — algo
3. uniforme — constante
3. seísmo — terremotos
3. en paz — tranquilas
3. de nuevo — otra vez
3. flora — vegetación
3. ambiente — entorno
3. artilugio — artefacto

4. anterior — antiguo
4. subir — alzó
4. ver — divisó
4. obedecer — regirse
4. seco — árida
4. asombroso — sorprendente
4. al resto — a las demás
4. desconocimiento — ignorancia
4. drástico — radical
4. pensar — reflexionar

Ejercicio 3
Ejemplos de posibles respuestas.
Línea 1: *conozcas* – «no creo que» va seguido de subjuntivo.
Línea 1: *te guste* – «puede que» va seguido de subjuntivo.
Línea 8: *se mueva* – «es raro» es una expresión impersonal y va seguida de subjuntivo.
Línea 12: *termine* – «espero que» expresa deseo y va seguido de subjuntivo.

Ejercicio 4
___3___ Uno de los animales consiguió fabricar un objeto nuevo.
___1___ Un grupo de animales vivía felizmente en un sitio.
___2___ Hacía mucho viento en su hogar.
___4___ Una hormiga no sabía qué hacer al descubrir algo sorprendente.

Ejercicio 5
a) ¿Cómo era el primer sitio donde vivían las hormigas?
Hacía bastante frío y la temperatura cambiaba de forma repentina. Era un lugar suave, blanco y con mucho, muchísimo viento.

b) ¿Qué diferencias había entre el segundo y el primer hogar de las hormigas?
La temperatura era más constante aunque las lluvias, terremotos e inundaciones eran más comunes. También hacía bastante más calor.

c) ¿Qué similitud tenía el tercer hogar de las hormigas con los otros dos?
La frecuencia de los movimientos sísmicos.

d) ¿Qué era, en realidad, el segundo hogar de las hormigas?
Un elefante.

e) ¿Qué era, en realidad, el primer hogar de las hormigas?
Un pájaro.

f) ¿Por qué decidió la hormiga no decirle nada a las otras hormigas de la colonia?
Porque la tratarían de loca y estaban felices viviendo en la ignorancia.

Después de la lectura
Ejercicio 6
Respuestas varias. Se incluye un ejemplo a continuación.

Unas hormigas vivían en un lugar con mucho viento y un día se cayeron de su mundo. Estaban confundidas y esto incrementó al caerse de su nuevo mundo poco después. Una hormiga construyó un catalejo y descubrió que el primer mundo en el que vivían era, en realidad, un pájaro y que el segundo mundo era un elefante. Iba a decírselo a las otras hormigas pero decidió no hacerlo porque no la creerían y ellas estaban felices viviendo en la ignorancia.

Ejercicio 7
Respuestas varias. Se incluye un ejemplo a continuación.

Creo que el mensaje principal de la historia es que todo se ve de manera distinta dependiendo de cómo se mire. Igualmente, el conocimiento puede ponernos en una situación incómoda si tratamos de aclarar algo a alguien que no está realmente interesado en saber la verdad.

El autor usa distintas técnicas narrativas para expresar el mensaje. En primer lugar, usa una historia paralela al Mito de la caverna de Platón. El catalejo que permite a la hormiga descubrir la verdad sobre sus antiguos entornos es un símbolo de observación y análisis. El distanciamiento que facilita a la hormiga descubrir la verdad es una manera de decir que, a veces, debemos distanciarnos de un problema para poder examinarlo en detalle. Igualmente, el distanciamiento representa un punto de vista distinto al normal.

Ejercicio 8
Respuesta libre
Ejercicio 9
Respuesta libre

Soluciones. Historia 4: Ellos y nosotros
Antes de la lectura
Ejercicio 1
Respuesta libre
Ejercicio 2
Respuesta libre

Durante la lectura
Ejercicio 3

1. paz	armonía	7. atrasado	subdesarrollados
1. marcharse	desapareció	7. estimación	apreciación
1. huella	rastro	7. cabeza	líder
2. prestar ayuda	se ayudaban	8. depravado	desviados
2. priorizar	anteponía	8. valorar	aprecian
3. abastecer	proveía	9. teoría	hipótesis
3. forzado	se vio obligada	9. hecho	creado
3. vendedor	proveedor	9. natural	puro
3. honesto	honrado	9. no cambiado	inalterada
3. artículo	productos		
3. fabricado	hecho	10. continuar	se siguieron
3. aplastado	machacados/triturar	10. subsistir	sobrevivir
		10. amenaza	peligro
4. elegir	se había decantado		
4. a medida que	conforme	11. táctica	estrategia
4. radical	extrema	11. ataque	ofensiva
4. incrementarse	se acrecentaba		
4. odio	aversión	12. por suerte	afortunadamente
		12. curso	transcurso
5. repartido	dividida	12. compañía	empresa
5. facción	bando/grupo	12. oferta	catálogo
5. hablarse	comunicarse	12. suceder	tuvieran lugar
5. desconocido	extraños	12. juntar	mezclados
5. silueta	figuras	12. desorientado	confundidos
5. conectado	unidos	12. esparcir	dispersando
		12. comenzar	empezaron
6. empeorar	se fue agravando	12. reducir	fue disminuyendo
6. desconfianza	recelo	12. anteriormente	previamente
6. aparecer	surgió	12. juntar	unía
6. temor	miedo		
6. adjudicar	atribuían		
6. muchos	numerosos		
6. los dos	ambos		

Ejercicio 4

- participios de pasado usados como adjetivos

Ejemplo

Línea 14: *machacados*

- el presente perfecto (explica por qué se usa en cada caso)

Ejemplo

Línea 11: *ha abierto* – es una acción terminada en un tiempo reciente.

- el pasado perfecto (explica por qué se usa en cada caso)

Ejemplo

Línea 16: *se había decantado* – podríamos decir que es un pasado dentro del pasado. La acción de decantarse por un tipo de comida ocurrió antes del referente temporal en el pasado «unos pocos días».

- pronombres de relativo

Ejemplo

Línea 11: *que* – se usa porque introduce la descripción del proveedor en una cláusula dentro de la oración principal.

Ejercicio 5

___2___ Los animales empiezan a dividirse en dos bandos.

___4___ Un cambio en el producto alimenticio elimina los problemas.

___1___ Un granjero empieza a comprar un producto distinto.

___3___ La tensión crece y se planea un conflicto serio.

Ejercicio 6

a) ¿Por qué tuvo que cambiar el granjero de proveedor?

Porque la fábrica que le proveía con comida para sus animales se vio obligada a cerrar.

b) ¿Cómo eran los dos tipos de productos que empezó a comprar el granjero?

Uno de ellos estaba hecho con cereales machacados y el otro con cereales sin triturar.

c) ¿Cuánto tardaron los animales de desarrollar una preferencia por un tipo de producto?

Unos pocos días.

d) ¿Cómo influenciaron los dos tipos de comida la vida en la granja?

Unió a los animales a los que les gustaba el mismo tipo de comida pero dividió a los animales en dos grupos y creó distanciamiento y recelo hacia el otro grupo.

e) ¿Qué detuvo la guerra entre los dos bandos?

El granjero empezó a comprar un producto que mezclaba cereales triturados y sin triturar y las diferencias entre los dos grupos se disiparon.

Después de la lectura
Ejercicio 7

Respuestas varias. Se incluye un ejemplo a continuación.

Unos animales vivían felizmente en una granja hasta que el granjero empezó a comprar dos tipos de productos alimenticios. Cada animal comenzó a desarrollar una preferencia hacia uno de los alimentos. Con el tiempo, los animales a los que les gustaba la misma comida se sintieron más unidos pero creció el odio hacia el otro grupo. De repente, el granjero empezó a comprar solamente un producto y las divisiones entre ambos bandos desaparecieron.

Ejercicio 8

a) ¿Cuál crees que es el tema principal de la historia?

Respuestas varias. Se incluye un ejemplo a continuación.

Creo que el tema principal de la historia es cómo se puede dividir una sociedad por cuestiones de poca importancia y las consecuencias que esa división puede causar, llegando incluso a una guerra civil.

b) ¿Crees que el tipo de alimento puede representar algo más?

Respuestas varias. Se incluye un ejemplo a continuación.

En mi opinión, el tipo de alimento representa creencias distintas. Podrían ser creencias políticas o religiosas, por ejemplo. Estas creencias llegan a unir a animales que no tenían mucho en común inicialmente y crean problemas con otros que tienen otras creencias distintas.

c) ¿Qué crees que puede representar la granja?

Respuestas varias. Se incluye un ejemplo a continuación.

Yo diría que la granja es un microcosmos usado para representar a un país. La división dentro de la granja y el conflicto entre los dos bandos de animales representa una guerra civil dentro de ese país.

d) ¿Qué recursos literarios puedes encontrar en la historia?
Respuestas varias. Se incluye un ejemplo a continuación.
Creo que el recurso literario más común en la historia es el uso de símbolos. Por ejemplo, la granja podría representar a un país, los animales podrían representar a los ciudadanos de un país y el tipo de alimento podría representar un tipo de creencias.

Soluciones. Historia 5: La isla de los sueños muertos
Antes de la lectura
Ejercicio 1
Respuesta libre
Ejercicio 2
Respuesta libre

Durante la lectura
Ejercicio 3

1. como	al igual que
1. criatura	seres vivos
1. perecer	mueren
2. cabeza	mentes
2. periodo	ciclo
2. reposar	descansar
2. permanecer	se quedará
2. suspender	se interrumpe
3. saludo	bienvenida
3. clima	tiempo
3. sugerencia	consejo
3. viejo	antiguos
3. motivo	razón
3. pasar	estaba ocurriendo
3. probar	intentar
3. listo	preparado
4. parar	se había detenido
4. retornar	volvió
4. apariencia	aspecto
4. brillante	resplandeciente

Ejercicio 4
- el futuro (explica por qué se usa)
Ejemplo
Línea 7: *terminará* – es una oración condicional con la estructura *presente, futuro*.
- el condicional (explica por qué se usa)
Ejemplos
Línea 25: *preguntarías* – aquí, el condicional funciona como un futuro dentro del pasado. Esto se puede ver si decimos «sé que me preguntarás eso» vs «sabía que me preguntarías eso».

Ejercicio 5
___3___ Un sueño llegó a un lugar para descansar.
___1___ Se explica el ciclo de la vida de un sueño.
___2___ Se explica qué pasa si se detiene un sueño.
___5___ El nuevo sueño arregla el problema.
___6___ El sueño es bienvenido al llegar a la isla.
___4___ Se descubrió que había un problema con el nuevo sueño.

Ejercicio 6
___4___ Se arregla el problema y todo se soluciona.
___1___ Se compara la vida de los sueños con las de los animales.
___3___ Un sueño muy sabio identifica el problema.
___2___ Se explica el ciclo de la vida de los sueños.

Ejercicio 7
a) ¿Cómo nacen los sueños?
Como producto de experiencias, preocupaciones e ilusiones.
b) ¿Dónde descansan los sueños que se terminan?
En una isla lejana.
c) ¿Qué se sabe con certeza?
Que si un sueño se interrumpe, rara vez se vuelve a retomar.
d) ¿Qué les pasaba a los otros sueños al acercarse al sueño nuevo?
Estornudaban.
e) ¿Qué consejo le da el sueño antiguo al sueño nuevo?
Que vuelva a la mente de su creador pero que se prepare para lo peor.

Después de la lectura
Ejercicio 8
Respuesta libre
Ejercicio 9
Respuestas varias. Se incluye un ejemplo a continuación.

En mi opinión, el mensaje principal del cuento es que tenemos que hacer todo lo posible por cumplir nuestros sueños. El autor muestra esto explicando los problemas que causa el sueño no terminado y creo que la clave de la historia está en la última frase, «un sueño no terminado o cumplido es un sueño infeliz».

Ejercicio 10
Respuesta libre

Soluciones. Historia 6: La rata y la media hamburguesa
Antes de la lectura
Ejercicio 1
Respuesta libre

Durante la lectura
Ejercicio 2

1. urbe	ciudad	4. mirar	observando
1. velozmente	rápidamente	4. espacio	hueco
1. desvergonzado	desaprensivos	4. preparar	se disponía a
1. furioso	agresivos	4. humo	humareda
1. enojado	enfadados		
1. roedor	rata	5. prepararse	se dispuso a
1. junto a	al lado de	5. ganar	triunfar
1. mucho	gran	5. tarea	misión
		5. muy caliente	ardiendo
2. con grasa	grasoso	5. separar	dividía
2. mordisco	bocados		
2. todavía	aún	6. una vez más	otra vez
2. feliz	contenta	6. detenerse	se paró
2. guarida	madriguera	6. comprender	entendía
2. muchos	numerosos	6. padecimiento	sacrificios
2. ocupado	ajetreados	6. complacer	alegrar
2. cruzarse	se interponían	6. amado	queridos
2. camino	ruta		
3. tirar	arrastrar		
3. sección	porción		
3. eludir	evitando		
3. dientes	incisivos		
3. ocasión	veces		
3. por ahora	por lo pronto		

Ejercicio 3

- Complemento directo (explica por qué se usa)

Ejemplo

Línea 8: *la miraba* – se usa «la» porque se refiere a «hamburguesa» y esa palabra es femenina.

- Complemento indirecto (explica por qué se usa)

Ejemplo

Línea 73: *se los daba* – se usa «se» porque el que recibe el objeto es «sus hijos». En un principio, el complemento indirecto sería «les» pero hay que cambiarlo a «se» porque se usa el complemento directo también y no podemos tener «les» antes del complemento directo «los».

- *Por* y *para* (explica por qué se usa uno u otro en cada caso)

Ejemplos

Línea 2: *para arriba* – se usa «para» porque indica dirección.

Línea 6: *por tener que parar* – se usa «por» porque indica razón o motivo.

Ejercicio 4

___1___ Una rata empieza a transportar una hamburguesa a su madriguera.

___2___ La hamburguesa se parte en dos.

___5___ El roedor reparte la hamburguesa entre su familia.

___3___ El humo le impide cruzar la carretera.

___4___ Un vehículo casi mata a la rata.

Ejercicio 5

___4___ La rata recuerda un dicho.

___3___ La cosa iba demasiado bien para ser verdad.

___5___ Se describe la estrategia que usa la rata para cruzar.

___2___ Se presenta el reto al que se tiene que enfrentar la rata.

___1___ Los humanos están infelices pero un animal está muy contento.

___6___ La rata descansa triunfante.

Ejercicio 6

a) ¿Cuál fue el motivo por el que la rata se puso aún más contenta tras encontrar la hamburguesa?

Porque la hamburguesa aún estaba caliente.

b) ¿Qué detuvo a la rata al intentar cruzar la carretera por segunda vez?

Una humareda intensa.

c) ¿Por qué tuvo la rata que cambiar la técnica que usaba para evitar las ruedas de los coches?

Porque vino una moto.

d) ¿Qué le bloqueó la vista a la rata?
Un trozo de orégano (que salía de la hamburguesa).
e) ¿Qué hizo detenerse al coche justo antes de atropellar a la rata?
Un semáforo.

Después de la lectura
Ejercicio 7
Respuestas varias. Se incluye un ejemplo a continuación.
Creo que el recurso literario más utilizado es el de personificación, ya que se presenta a la rata con emociones y pensamientos como los de los humanos. Igualmente, creo que también hay un uso importante de simbología; en mi opinión, la hamburguesa simboliza una meta difícil de alcanzar.
Ejercicio 8
Respuestas varias. Se incluye un ejemplo a continuación.
Yo diría que el mensaje principal es que es importante tener un alto grado de determinación para alcanzar los objetivos importantes en la vida. También creo que la última oración del relato nos dice que todo en la vida es más importante si lo hacemos por nuestros seres queridos.
Ejercicio 9
Respuesta libre
Ejercicio 10
Respuesta libre

Soluciones. Historia 7: El árbol de la amistad
Antes de la lectura
Ejercicio 1
Respuesta libre

Durante la lectura
Ejercicio 2

1. ofrecimiento	ofrendas	7. aproximarse	se acercó
1. verdaderamente	ciertamente	7. antes	anteriormente
		7. atemorizado	asustada
2. pasar	ocurrió	7. precipicio	barranco
2. amparar	acogía	7. impedir	evitar
3. muy grande	vastos	8. entristecerse	se puso triste
3. bastante	ciertamente	8. descuidado	desaliñado
3. lejos	alejada	8. maravilloso	estupendos
3. tormenta	ventisca	9. vez	ocasiones
3. protegerse	cobijarse	9. aclaración	explicaciones
3. fango	barro		
3. andar	se pasearon	10. carro	carreta
		10. lesionado	herido
4. siniestro	tenebroso	10. suspiro	alientos
4. apariencia	aspecto		
		11. cumbre	cima
5. equivocar	confundió	11. nombrar	llamad
5. anterior	antigua		
		12. sembrar	plante
6. pronto	al poco tiempo	12. observar	mirando
6. ocurrir	pasó	13. tristeza	pena
6. escapar	huiría	13. contar	diré

Ejercicio 3
- imperfecto de subjuntivo (explica por qué se usa)
Ejemplo
Línea 43: *estuviese* – «no me importa» indica opinión y va seguido de subjuntivo y, al estar aquí en imperfecto, tiene que ir seguido del imperfecto de subjuntivo.

- oraciones condicionales de Tipo 1 y Tipo 2 (explica por qué se usa cada una)
Ejemplos
Línea 76: *si te paras, te lo explicaré todo* – es una oración condicional de Tipo 1. Se usa este tipo de oración condicional porque es una situación posible en el presente.

Línea 54: *si supiera que soy yo, seguro que no se asustaría* – es una oración condicional de Tipo 2. Se usa este tipo de oración condicional porque es una situación hipotética.

Ejercicio 4

___1___ Un perro se pierde al buscar comida.

___5___ Un animal planta un árbol.

___3___ Un perro vuelve a su casa.

___2___ Dos animales se hacen amigos.

___4___ Un perro intenta saludar a una ovejita y esta se asusta.

Ejercicio 5

a) ¿Por qué era diferente esa granja?
Era mucho más grande que las demás y tenía una gran diversidad de animales.

b) ¿Qué le trajo de comer el perrito a la ovejita en la cueva?
Algo de fruta y agua fresca.

c) ¿Por qué tenía el perrito un aspecto tan tenebroso cuando llegó a su madriguera?
Porque se había caído en un barrizal.

d) ¿Por qué dejó el perrito de seguir a la oveja la primera vez?
Para que la ovejita no se cayera en el río.

e) ¿Qué pide el perrito que usen para plantar el árbol?
Sus cenizas.

f) ¿Qué se dice al final sobre la lengua que hablaba el abuelo del narrador?
Que usaba la misma palabra para hermana y para esposa.

Después de la lectura

Ejercicio 6

a) ¿Cuál crees que es el tema principal de la historia?
En mi opinión, el tema principal de la historia es la línea difusa entre amistad y relación sentimental.

b) ¿Cómo cambia la última frase tu interpretación de la historia?
Creo que esta frase es muy importante porque cambia la interpretación de la historia. Esto me hace pensar que el perrito era el marido de la perrita y que el perrito había tenido una relación sentimental con la ovejita en la

cueva. *Creo que esa es la razón por la que el perrito le pide perdón a la perrita antes de morir.*

c) ¿Qué recursos literarios puedes encontrar en la historia?

Creo que el principal recurso literario es el uso de símbolos. Por ejemplo, el perrito y la ovejita con amigos pero esta se asusta cuando él llega porque tiene aspecto de lobo. Creo que eso representa el cambio de actitud amistosa a sexual por parte del perrito. Esto se representa describiendo al perrito como un lobo peligroso.

Después de la lectura
Ejercicio 7
Respuesta libre

Soluciones. Historia 8: La gansa ciega
Ejercicio 1
Respuesta libre

Durante la lectura
Ejercicio 2

1. después	antes
1. distinto	misma
1. polígamo	monógamas
1. primero	últimos
2. contento	triste
2. siempre	nunca
2. feo	guapa
2. tarde	pronto
2. claro	confuso
2. ágil	torpe
2. alejarse	se acercó
2. ignorar	hubiera sabido
3. malo	buenos
3. empezar	terminaron

3. fuera	dentro
3. cerrar	abrir(los)
3. despreocuparse	preocuparse
3. perder	recobre/recobrar
4. entristecerse	se alegró
4. feo	bonito
4. derrumbar	hubiesen construido/ construir
4. terminar	habían empezado
4. siempre	jamás

Ejercicio 3

- presente perfecto de subjuntivo (explica por qué se usa en cada caso)

Ejemplos

Línea 4: *hayan descubierto* – «a no ser que» es una expresión que va seguida de subjuntivo y tenemos que usar el presente perfecto de subjuntivo aquí porque se refiere al pasado en una unidad de tiempo que no ha terminado «en los últimos años».

- pasado perfecto de subjuntivo (explica por qué se usa en cada caso)

Ejemplos

Línea 31: *que hubiesen construido* – «no espero que» va seguido de subjuntivo, al ser una expresión que expresa esperanza. Al estar en pasado en el texto (ej. «no esperaba»), el subjuntivo tiene que estar en pasado. La oración subordinada con «construir» se refiere a una acción pasada, por lo que el tiempo verbal tiene que ser pluscuamperfecto de subjuntivo al ser un punto pasado dentro del pasado.

- oraciones condicionales de Tipo 3

Ejemplos

Línea 15: *si hubiera sabido que no puede ver, habría tenido más cuidado para no asustarla* – se usa una oración condicional de Tipo 3 porque se habla de una acción imposible de cumplirse porque ya ha pasado.

Ejercicio 4

___4___ Una gansa recobra la vista.

___2___ Un ganso se preparó para estar más guapo.

___1___ Un ganso vio a una gansa torpe.

___3___ Un ganso descubre cuál es el problema con los ojos de una gansa.

Ejercicio 5
___4___ Todo es relativo, dependiendo de con qué se compare.
___2___ Un ave estaba sola y eso no le gustaba.
___3___ Dos animales comienzan una relación sentimental.
___1___ Hay muy pocos animales que tengan siempre la misma pareja.

Después de la lectura
Ejercicio 6
Respuesta libre
Ejercicio 7
Respuestas varias. Se incluye un ejemplo a continuación.
Yo diría que la idea principal del texto es que todo es relativo dependiendo de con qué se compare. Creo esto por la última oración de la historia.
Ejercicio 8
Respuesta libre

Soluciones. Historia 9: Y el horizonte se quedó solo
Antes de la lectura
Ejercicio 1
Respuesta libre

Durante la lectura
Ejercicio 2

1. acabar	terminar
1. llevar	mudar
1. comunicar	se anunció
1. según	de acuerdo con
1. más reciente	última
2. organizar	preparar(lo)
2. tema	cuestión
2. verlo venir	se lo esperaba

3. unirse	se juntó
3. crear	se formaron
4. rehusar	rechazó
4. mala suerte	desdicha
4. conseguirse	se obtenía
4. estar	andas
4. visión	vista

Ejercicio 3

- distintos usos de *se* (explica por qué se usa uno u otro)

Ejemplos

Línea 6: *no se les olvidó ningún detalle* – se usa «se» aquí para hablar de cosas inesperadas usando las estructura «se + complemento indirecto + verbo (normalmente en pretérito) + sujeto».

Línea 21: *se desesperaba* – «se» reflexivo.

Ejercicio 4

__2__ Se organizó todo de dos en dos.

__4__ Hubo una cosa que se quedó sin pareja.

__1__ Se decidió que se iba a llevar todo a otro planeta.

__3__ Se describen muchas parejas.

Ejercicio 5

a) ¿A qué planeta se mudó todo?

Al planeta en el que vivimos ahora.

b) ¿Qué cuestiones se iban a tener en cuenta en la mudanza?

La última legislación en cuanto a prevención de riesgos y respeto a la diversidad, junto con las necesidades especiales de los discapacitados, etc.

c) ¿Por qué decidió la empresa organizar todo en parejas?

Para usar compartimentos de tamaño regular.

d) ¿Quién se dio un abrazo?

La esperanza y el futuro.

e) ¿Por qué rechaza la esperanza al horizonte?

Porque el futuro se puede alcanzar pero el horizonte no.

f) ¿Por qué se dice que el horizonte tuvo mala suerte?

Porque si se sumaban todas las cosas que conformaban el mundo anterior, se obtenía un número impar.

Después de la lectura
Ejercicio 6
Respuestas varias. Se incluyen ejemplos a continuación.

a) *Para mí, el recurso literario más obvio es el de personificación, ya que se trata a distintos conceptos e ideas como si fueran personas.*

b) *En mi opinión, el principal mensaje de la historia es que debemos buscar tiempo para relajarnos, ya que el final del texto nos anima a relajarnos mirando al horizonte.*

c) Respuesta libre
d) Respuesta libre
e) Respuesta libre

Soluciones. Historia 10: El viaje de los deseos
Antes de la lectura
Ejercicio 1
Respuesta libre

Durante la lectura
Ejercicio 2

1. costumbre	hábito
1. meter	depositar
1. cesar	han dejado
2. tropezar	chocaron
2. infinidad	inmensidad
2. contar	se narraron
2. obligado	forzadas
2. proponer	sugirió
3. observar	ojearon
3. detener	se habían parado
3. conocimiento	consciencia
3. difícil	ardua
4. quitar	borró
4. querido	amada/amantes
4. encontrar	localizar

5. ayudar			contribuyesen
5. forma			manera
5. generar			engendró

Ejercicio 3
Ejemplos
Línea 2: *una botella de cristal la cual era arrojada al mar.*
Línea 5: *deseos que fueron escritos hace siglos.*

Ejercicio 4
__2__ Desde el comienzo del viaje hasta ahora.
__5__ Todo su trabajo había sido recompensado.
__3__ Investigaron sobre qué es lo que llevaba cada una.
__1__ Es algo que se solía hacer.
__4__ Los mensajes de las dos botellas estaban relacionados.

Ejercicio 5
a) ¿Cuándo se creía que se cumplirían los deseos?
Si la botella llevaba el deseo lo suficientemente lejos.

b) ¿Qué se dice sobre los idiomas usados para escribir esos deseos?
Que algunas de esas lenguas han dejado de existir.

c) Según la historia, una de las botellas había visto a «un loco que viajaba hacia el oeste para llegar al este». ¿A quién se refiere?
A Cristóbal Colón.

d) Según la historia, una de las botellas había visto a «personas desterradas de sus tierras y forzadas a ir a otros lugares para trabajar sin compensación». ¿A qué se refiere esa descripción?
A la esclavitud.

e) ¿Por qué sonrieron las botellas al leer cada una su deseo?
Porque se acordaron de un tiempo más feliz.

f) ¿Por qué dejaron de sonreír las botellas al leer el deseo de la otra?
Porque se dieron cuenta de la relación que había entre ambos deseos.

g) El nombre de la ciudad que fue atacada no se menciona, pero ¿puedes adivinar cómo se llamaba? ¿Por qué?
Alejandría, en Egipto. Se sabe por la descripción del faro y de la biblioteca.

h) ¿Por qué se sienten orgullosas las botellas al final de la historia?
Porque contribuyeron a que los amantes estuviesen juntos de una manera u otra.

Después de la lectura
Ejercicio 6
a) ¿De qué trata la historia?
La historia trata de dos botellas que fueron arrojadas al mar con deseos dentro. Las dos botellas se encuentran en el mar y se dan cuenta de que sus deseos habían sido escritos por una pareja de enamorados.
b) ¿Te ha gustado?
Respuesta libre
c) ¿Hay algo que no entiendes de la historia?
Respuesta libre
Ejercicio 7
Respuestas varias. Se incluye un ejemplo a continuación.
Dos botellas iban por el mar y se encontraron. Cada una de ellas llevaba un deseo dentro y decidieron leerlo. Una pareja se había perdido durante un ataque a una ciudad, los dos escribieron un deseo para reencontrarse y cada una de las botellas llevaba uno de los deseos escrito por uno de los enamorados. Al saber esto, las dos botellas se abrazaron.
Ejercicio 8
Respuestas varias. Se incluye un ejemplo a continuación.
Qué se dice: *El mensaje principal de la historia se comunica en la última frase: «los deseos que dejamos en este mundo, sobre todo si son puros, son una continuación de la persona que los engendró». Esto anima al lector a centrarse en deseos positivos y constructivos como una manera de dejar algo bueno a otros de nuestro paso por sus vidas.*
Cómo se dice: *El mensaje se construye de distintas maneras. El lugar y el tiempo en el que ocurre la historia son inespecíficos. El lugar exacto no se menciona, aunque se describe sutilmente la ciudad en la que vivían los enamorados. El paso del tiempo se expresa mediante la mención de algunos hechos históricos, tales como el del viaje de Colón, pero no se dice exactamente cuándo transcurre la acción.*
Ejercicio 9
a) Algunos libros de historia describen esa ciudad en gran detalle.
Esa ciudad es descrita en gran detalle (por algunos libros de historia).
b) Algunos habitantes explicaron lo que podría ocurrir.
Lo que podría ocurrir fue explicado (por algunos habitantes).

c) Durante un ataque, unos guerreros destruyeron una biblioteca muy famosa.

Una biblioteca muy famosa fue destruida (por unos guerreros) durante un ataque.

d) Los marineros vieron los barcos que huían de la ciudad.

Los barcos que huían de la ciudad fueron vistos (por los marineros).

Ejercicio 10

a) Mi deseo fue escrito por un hombre muy alto.

Un hombre muy alto escribió mi deseo

b) Fui lanzada al mar por una mano muy delicada.

Una mano muy delicada me lanzó al mar

c) Un mensaje había sido escrito por un hombre que trabajaba en un faro muy famoso.

Un hombre que trabajaba en un faro muy famoso había escrito un mensaje.

d) El otro mensaje había sido escrito por una mujer que no había sido capaz de localizar a su amado.

Una mujer que no había sido capaz de localizar a su amado había escrito el otro mensaje.

Soluciones. Historia 11: El día que murió lo negativo
Antes de la lectura
Ejercicio 1
Respuesta libre

Durante la lectura
Ejercicio 2

1. atraer	ha cautivado	4. sugerir	propuso
1. costumbre	prácticas	4. expresar	denotar
1. llamativo	curioso	4. pensamiento	idea
		4. extenderse	se alargó
2. costumbre	tradición		
2. rey	monarca	5. Impacientarse	se desesperaba
2. parecerse	se asemejan	5. transcurrir	pasaban
2. otorgar	designar	5. lucha	peleas
2. crear	causó		
2. numerosos	bastantes	6. sustituir	reemplazar
		6. puede que	quizás
3. ilustrado	sabios	6. privarse	prescindir
3. palabra	término	6. cancelar	suprimir
3. detestar	odiar		

Ejercicio 3
___2___ Se debate sobre unos términos.
___1___ El rey de la isla murió.
___4___ Se decidió no reemplazar una palabra con otra.
___3___ Empezó a haber menos enfrentamientos entre personas.

Ejercicio 4
___2___ Se describe una tradición peculiar.
___4___ Se describe qué sentimientos asociaban distintas personas a ciertos sonidos.
___5___ La gente estaba preocupada.
___3___ Se describen algunas particularidades léxicas de una lengua.
___1___ Se habla de las particularidades de un lugar.
___6___ El ignorar cosas malas puede hacernos más felices.

Ejercicio 5
a) ¿Por qué es curioso el nombre de la isla?
Porque el sistema de escritura del español no permite escribirlo debido a su pronunciación peculiar.

b) ¿Por qué elige cada nuevo monarca una palabra con la que ser conocido?
Para asemejar a los monarcas a los dioses de civilizaciones antiguas.
c) ¿Qué pasa con esa palabra cuando el monarca muere?
Ya no se puede usar más.
d) ¿Por qué se rechazó la palabra *ititi*?
Porque el sonido «i» era demasiado feliz como para denotar algo negativo.
e) ¿Por qué empezó a estar la gente más feliz?
Porque la gente no podía hablar de cosas negativas.

Después de la lectura
Ejercicio 6
Respuestas varias. Se incluye un ejemplo a continuación.
Hay una isla con una costumbre curiosa y cada vez que un monarca sube al trono, elige una palabra para que le llamen así. Un monarca eligió la palabra «odio» en esa lengua y al morir, ya no se podía usar más esa palabra. Los sabios debatieron sobre qué palabra usar para denotar «odio» pero no llegaron a ningún acuerdo. Al no poder hablar de cosas negativas, la gente empezó a ser más feliz y los sabios decidieron no sustituir la palabra perdida.

Ejercicio 7
a) Los sabios relacionan distintos sentimientos a distintos sonidos, ¿crees que eso ocurre en tu lengua materna?
Sí. Por ejemplo, hay gente que relaciona a gente más pobre o de un nivel sociocultural menor si pronuncian la grafía «s» como «z».
b) ¿Qué recursos literarios puedes encontrar en la historia?
Podemos ver que el autor no describe la ubicación de la isla, no dice el nombre y no dice cuándo ocurrió la historia. Esto puede hacerse para dar un carácter general a la historia. Creo también que el grupo de sabios representa a distintas organizaciones que intentan controlar o influir el uso de una lengua determinada.
c) ¿Cuál crees que es el mensaje principal en la historia? ¿Por qué?
Creo que el mensaje principal es que seremos más felices si no nos centramos en cosas negativas.

Ejercicio 8
Respuesta libre

Ejercicio 9
Respuesta libre
Ejercicio 10
Respuesta libre

Soluciones. Historia 12: El pastor y la estrella
Antes de la lectura
Ejercicio 1
Respuesta libre

Durante la lectura
Ejercicio 2

1. algo	una cosa
1. firmamento	cielo
1. constante	permanente
1. pasajero	transitoria
2. provisional	temporal/ de tránsito
2. estable	fija
2. gestionar	tramitar
3. brillante	luminosa
3. otorgar	asignar(le)
3. ligero	rápido
4. en seguida	inmediatamente
4. admitir	había confesado
4. retirado	aislada
5. asegurar	garantizó
5. maravilloso	fabuloso
5. dar gracias	agradeció
6. consentir	accedió
6. proteger	cuidar

Ejercicio 3

___3___ Lo que se podía hacer para solucionar un problema.
___6___ Se creó una nueva costumbre.
___1___ Hay un dato desconocido para mucha gente.
___4___ La estrella ayuda a alguien.
___2___ Hay un proceso muy lento.
___5___ La estrella dice dónde se quiere quedar.

Ejercicio 4

1. ¿Qué tres personajes principales hay en la historia?
La estrella, el pastor y el ente.
2. ¿Quién toma normalmente la decisión sobre el destino de las estrellas?
El ente.
3. ¿Qué tiene que hacer la estrella para entrar en el cielo de las buenas estrellas?
Ayudar a una persona para dar más pruebas de su buen corazón.
4. ¿A quién ayuda la estrella en esta historia?
A un pastor y a su hijo.
5. ¿Quién vive más tiempo una estrella o un ser vivo?
Una estrella.
6. ¿Qué tienen de particular las estrellas más brillantes del cielo?
Que han decidido quedarse ahí para cuidar de alguien.

Después de la lectura
Ejercicio 5

a) ¿Qué recursos literarios puedes encontrar en la historia?
Respuestas varias. Se incluye un ejemplo a continuación.

Hay distinta simbología. El lugar transitorio de las estrellas podría ser el purgatorio y el ente, que decide a dónde va cada estrella, podría ser San Pedro. La lucha entre oscuridad y luz es típica en textos religiosos y mitológicos. Finalmente, el final de la historia está escrito en segunda persona; esto involucra más al lector y es una estructura poco común en literatura.

b) ¿Cuál crees que es el mensaje principal en la historia? ¿Por qué?
Respuestas varias. Se incluye un ejemplo a continuación.
Creo que el principal mensaje es que siempre hay que tener esperanza. El cuento te anima a encontrar esperanza donde puedas cuando las cosas estén muy mal.
Ejercicio 6
Respuesta libre

www.ingramcontent.com/pod-product-compliance
Lightning Source LLC
Chambersburg PA
CBHW051213290426
44109CB00021B/2433